ちくま新書

教育の職業的意義

——若者、学校、社会をつなぐ

本田由紀
Honda Yuki

817

教育の職業的意義【目次】

序章　あらかじめの反論

本書の目的は、日本で長らく見失われてきた「教育の職業的意義」[*1]の回復が今まさに必要とされているということを、広く世に訴えることにある。

しかし、そのように言うと、すぐにいくつかの否定的な反応が返ってくることを、私はこれまで講演や座談会などの場やネット上で何度も経験してきた。そうした反応の中身は毎回ほぼお決まりのものであり、いくつかに類型化できる。本書を始めるにあたり、まずそれら定番の批判に対する私からの反論を、あらかじめ示しておくことにしよう。

なお本書では、「教育」という言葉を、いわゆる学校教育制度の中で行われる営みを指すものとして用いており、それ以外の家庭教育や企業内教育、社会教育などについて触れる場合はそのように明示することにする。

†否定的反応① 「教育に職業的意義は不必要だ」

これは、教育が仕事に役立つ必要はない、教育はもっと高尚な、人格を形成し教養を高めるためのもの、あるいは一般的・基礎的な知力や柔軟な「人間力」を養うためのものだ、という主張である。このような主張は、教育をきわめて理想視する「教育学」的な立場からなされる場合もあれば、逆に産業界の人事や採用の実態をふまえた現実主義的立場からなされる場合もある。

前者の「教育学」的立場は、教育と仕事とを関連づけることは、教育にとって堕落だとみなす。教育は独自の価値や理念を追求すべきものであり、その外部にある仕事の世界の現実に追随すべきではないというのが彼らの主張である。

他方の産業界の現状に即する立場は、「教育の職業的意義など重んずる気はないことを宣言する。あるシンポジウムで私が同席した有名企業の人事担当者は、「若い人は〝地頭《じあたま》〟(ビジネス界でしばしば用いられる、本質的な頭の良さのようなものを意味する言葉)が良くて素直で安い給料で働いてくれさえすればいいんだ」と、「本音ベース」の発言をしていた。

このように、教育固有の理念を掲げる側と、人を雇って働かせる側とは、それぞれまったく別の論理に基づきながらも、教育と仕事とを切り離して考え、切り離すことを望ましいとする点で、奇妙にも一致しているのである。

反論

筆者は、教育理念を掲げる側でも人を働かせる側でもなく、働く者、とくに働く若者の立場から「教育の職業的意義」を主張している。

「教育が仕事に役立つ必要はない」という主張は、仕事のための具体的な知識や技能を身につけうる場が、社会の中で教育以外にきちんと成立している場合にのみ成り立つ。確かに、従来の日本では企業がそのような場として一定程度機能していた。しかし、現在の日本社会では、そのような条件はどんどん当てはまらなくなってきている。九〇年代初頭から著しく増加してきた非正社員は、職業能力を身につけ伸ばすことができる機会がきわめて限られている。それればかりか正社員であっても、企業は育成のための投資を縮減してきているし、企業が個々の従業員の能力開発ニーズをきめ細かく把握してそれに対応することはますます難しくもなっている。

それならば、これまでは職業的意義を求められずにすんできた教育が、その外部では担保されなくなってきた職業能力形成機能を——少なくとも部分的には——担うようになる必要がある。それは単に従来の企業中心の人材育成の後退を補うためだけではなく、従来の企業依存的な人材育成の問題を積極的にただすためにも必要である。

教育は莫大な社会的費用をかけて日々運営されている制度である。日本で年間に教育に費やされている費用は、他の先進諸国に比べて決して多いものではないとはいえ、約一七兆円にのぼる。このような巨大な社会的事業が、人格形成云々という雲をつかむような目的のみに費やされていいはずはない。教育を潜り抜けて社会に出てゆく若者の大半は仕事に就く。しかも仕事の世界における労働条件はますます過酷さを増している。そうした厳しい仕事の世界で生きてゆくために必要な準備を若者に与える役割から、教育という巨大な制度が目をそむけていてよいはずがない。

そのような仕事の世界への準備として欠かせないのが、第一に、働く者すべてが身につけておくべき、労働に関する基本的な知識であり、第二に、個々の職業分野に即した知識やスキルである。総じて、前者は、働かせる側の圧倒的に大きな力、しばしば理不尽なまでの要求を突きつけてくる力に対して、働く側がただ翻弄されるのでなく法律や交渉などの適切な手段を通じて〈抵抗〉するための手段であり、後者は働く側が仕事の世界からの要請に〈適応〉するための手段であるといえる（ただし、このような性格づけは相対的なものであり、いずれも内容に応じて〈抵抗〉／〈適応〉の両面をもちうる）。

仕事に就く者が身を守るためには、このいずれかだけでは不十分かつ偏っており、双方が両輪として不可欠である。〈抵抗〉してばかりでも、一方的に〈適応〉に努めるだけでも、働く者は苦しい状況に陥る。両者のバランスの上で、働く者が力と声を発揮していくことが不可欠なのである。人格形成や教養の獲得という教育の崇高な目的をすべて否定するつもりはないが、そのような目的を、個人の職業生涯と上記二つの意味で関わりをもちうるような形で制度的に追求することが、個人にとっても社会にとっても必要な社会状況が今生まれているのである。

また、若者に対して「地頭」や「素直さ」のみを産業界・企業が期待している現実を、そのまま是認すべきではない。それは個人にとっては企業の言いなりに使いまわされることを意味するし、企業自身にとっても、分野・領域別の高度な技術や知識、個別の職務に関する具体的なスキルやノウハウを軽視することは、生産性と競争力の低下を招く。第1章で詳しく述べるように、「教育が仕事に役立つ必要はない」という悠長な主張をし、教育という巨大な社会的事業を浪費していられる状況ではすでになくなっているのだ。

†否定的反応②「職業的意義のある教育は不可能だ」

これは、仮にその必要性を認めたとしても、教育が職業的意義をもつことは無理だ、とする主張である。こうした主張は、特定の立場を問わず広く各方面からなされる。

なぜ無理かという理由としては、産業界の知識やスキルの変化が加速しているため、巨大であるがゆえに変革が遅れがちな教育制度はそれにキャッチアップできないということや、現時点で職業的意義をもつ教育を施したとしても、産業界の変化が速いので身につけた知識やスキルがすぐ陳腐化して役に立たなくなるということ、さらには教育という世界は本質的に抽象的で形式的、理念的な知識を教える性質をもつため、複雑で実践的な暗黙知が重視される仕事の世界の現実は教えることができないということなどが主張される場合が多い。

反論

こうした批判がなされる原因は、教育の職業的意義というものが、きわめて硬く厳密に、かつ狭く捉えられがちであることにある。確かに、仕事の世界の現実とぴったり一分の隙もなく合致した知識やスキルを、教育が与えることは難しいであろう。しかしそのような完璧な一致を目指す必要が、そもそもないのである。教育は、教育にとって可能な範囲でのみ職業的意義をもてばよいのであり、またそうすることが必要なのである。ただし、教育の側から産業界の実情や変化に対して、できるだけキャッチアップする努力は不可欠である。

問題なのは、教育が完璧に実践的な職業的意義をもちえないのであれば何もする必要はないという、オール・オア・ナッシングの安直で硬直的な発想である。教育の職業的意義とは、あくまで仕事の世界に対する基礎的で初歩的な準備を与えることである。実際に、仕事に就いてからさらに知識やスキルを伸ばしたり、更新したり、転換したりすることは、むしろ望ましいことである。しかし、初発の素地が何もないところでは、そうした事後的な発展すら生じにくい。職業的意義をもつ教育とは、個人が仕事の世界に参入する際の最初のとっかかりを与えることなのである。

それゆえ教育の職業的意義は、のちのちの知識やスキルの伸長・更新・転換を見込んで構想・設計される必要がある。すなわち、特定の個別の職種にしか適用できないような、がちがちに凝り固まった教育ではなく、ある専門分野における根本的・原理的な考え方や専門倫理、あるいはその分野のこれまでの歴史や現在の問題点、将来の課題などをも俯瞰《ふかん》的に相対化して把握することができるような教育である。それは、一定の専門的輪郭を備えていると同時に、柔軟な発展可能性や適用可能性に開かれているような教育である。本書は、このような意味での教育の職業的意義を表現するために、「柔軟な専門性(flexpeciality)」という概念を提唱する。詳しくは、第5章を参照していただきたい。

†否定的反応③「職業的意義のある教育は不自然だ」

これは、教育の内部における学習者のニーズを代弁する（あるいは代弁しているつもりの）立場からの批判である。すなわち、職業的意義をもつ教育は、職業面での進路選択をできるだけ遅らせることを望む学習者の自然なニーズに反したものであるとする主張である。

その根拠としてしばしば挙げられるのは、特定の職業分野と結びついた教育上の進路を人生の早い段階で選択することは困難であるとか、選択した後になって適性や志望に合っていなかったことが判明しがちであるとか、あるいは特定の職業分野に関する教育を選択することで将来の進路の可能性が限定されるといった事柄である。これらの主張は、職業分野に関わる進路の選択はできるだけ先延ばしするほうが、学習者にとって自然であるということを、暗黙の前提としている。

反論

そもそも、職業分野に関わる進路の選択はできるだけ遅らせたほうがよいとする前提のほうが不自然さをもつ。私が話を聴いてきた若者たちの中には、中学から高校へ、高校から大学に進学する際には、学力に基づく合格可能性や教師や親からの勧めなどを受け容れてきたため、自ら進路選択について決断をする必要がないまま来たが、大学の卒業を控えて就職活動を始める時期になって初めて、どうしてこの企業を選んだのか、この企業で何をやりたいのかを強く問われ、過去に選択経験がないために突然そのようなことを求められて立ちすくんでしまった者が何人もいた。

若者はいつまでも教育の内部に留まっているわけではなく、いずれは外の社会や労働市場に出てゆく。選択をいくら先延ばしにしても、いずれは自分の職業上の進路について、思い切った選択や決断が必要になる。それならば、人生の早い段階――私は高校への進学時点が重要だと考えている――から、学校教育という、ある程度保護された環境の中で、「選択の練習」を積んでもらうことのほうが、よほど有益で「自然」である。何よりも、第1章で述べるように、教育がより大きな「職業的意義」をもつことを、多くの若者自身が望んでいるのである。

ただし、そのような「選択の練習」が有益なものとなるには、ある制度的な条件が充たされる必要がある。それは、進路の途上や節目節目で「選び直し」が可能になるような仕組みを、学校教育制度の内部や教育と仕事との接点において確保しておくということである。具体的には、ある教育段階の途中および上位の教育段階への進学、そして就職の際に、これまで学んできた分野とは異なる分野に進むことが可能であり、むしろ異分野の融合がポジティブに評価されうるような、制度上の柔軟性を埋め込んでおく必要があるということである。

機械の部品と部品を、ただぎっちりと締めつけたり嚙み合わせたりしていると、うまく動かなかったり危険であったりするため、適度な「遊び」（余裕・隙間）が必要であるということは、多くの人々が知っているであろう。自動車のクラッチやハンドルが典型例である。それと同様の「遊び」を、進路やキャリアに関わる各部の接合点において用意した上で、職業分野に関する「選択の練習」をしてもらい、職業的意義のある教育を受ける中で、その専門分野と自分自身との適合性を摺り合わせ、確認し、必要な場合には選択をし直してもらうほうが、若者自身が将来を築いていく上でずっと望ましいことなのだ。

また、学習者の将来に関してだけでなく、学習に従事している現在に関しても、一定の仕事分野と関連する内容を学ぶほうが、学ぶ理由づけや動機を得やすい。この点でも、抽象的な「普通教育」や「教養科目」のほうが「職業的意義のある教育」よりも学習者のニーズに適していると一義的に考えることは誤っている。

†否定的反応④「職業的意義のある教育は危険だ」

これは、職業的意義のある教育とは若者を現在の経済や労働の体制に適合的な人材へと育て上げようとするものであり、その意味で問題があるとする主張である。いわゆる「ラディカルな左翼」に多い。

そのいくつかのバージョンとして、グローバル資本主義やネオリベラリズムに追従する人間を作るだけだ、自分の専門分野のことしか考えずその分野の既得権益維持に汲々とする人間を作るだけだ、各職業分野の社会的な威信や発言力に応じて人々の間に不平等を作り出したり世代的な格差の再生産を強化したりすることになるだけだ、現在の社会経済体制を無批判に受け入れその存続に貢献する人間を作るだけだ、教育はもっと市民的教養や政治的抵抗力を醸成する方向に力を注ぐべきだ（この方向は先の否定的反応①における「教育学」的立場と接近する）などといったものがある。

反論

これらの批判は、「職業的意義のある教育」を、先に①で述べた〈適応〉のためだけのもの、すなわち職業ごとの実践的なノウハウや手わざを教えるだけのものとして、非常に狭く捉えていることから生じている。しかし、上述のとおり、本書では教育の職業的意義として、〈抵抗〉の側面をも重視している。すなわち、働き方を適正《ディーセント》なものにしてゆくために、働く側が働かせる側に対して交渉や発言をしてゆくことの重要さや、個々の職業分野にしっかりと立脚しつつ、より広い世界のあり方に対して建設的な批判を行う必要性を知ってもらうということが、教育の職業的意義にとって欠かすことのできない要素であると考えている。

たとえば、金融の知識を与えると同時にマネーゲームがもたらす世界的な危機や不安定化をも伝え、いかにしてその危険を抑制しうるかについて考える、食品の加工・調理についての実践的スキルを教えるだけでなく、農産物や水産物と密接に関わる地球規模の環境問題や南北格差についても伝え、未来にわたる人類の持続可能性に関して考える、など、例はいくらでも挙げられるし、こうした内容はすでに一部の教育現場で実践に移されてもいる。いかなる分野に関しても、その分野の現状や課題を直視することを起点として、より一般的・普遍的な事象についても関心を広げ、問いを投げかけてゆくような教育内容は設計できるのであり、それこそが本書が教育の職業的意義と呼ぶものである。

社会の構成員の多くにとって、自分が日々従事し、多大な時間とエネルギーを注いでいる「仕事」を入り口として、広い社会や世界、政治や経済について批判的な思考を培ってゆくことは、市民的・政治的教養の形成にとっても正当なルートであり、職業的意義とそれらは互いに矛盾するものではない。重要なのは、教育の職業的意義というものの内実をどのように構想するかなのであり、それをはじめから狭く決めつけることによってそれがもち得る可能性を枯らしてはならない。

†否定的反応⑤「職業的意義のある教育は無効だ」

これは、教育の職業的意義を高めたとしても、労働市場そのものを変えられないからには、若者の仕事の不安定化や賃金の低さ、長時間労働などの労働問題は解消されないという批判である。さらには、教育の職業的意義を高めようとすることは、労働市場から排除された人々に対する社会福祉を拡充するという課題から為政者や人々の目をそらすという悪しき帰結すらもたらすという批判も、ここに含まれる。

こうした批判は、労働市場の制度改革や福祉の拡充を提唱する、いわば「穏健な左翼」に多い。これらの延長上には、「教育で何でも解決しようとする、解決できると思う」のは馬鹿げた「教育万能神話」であり、教育を改善しようとするいかなる主張や努力も社会の「学校化」を助長するだけで、実際には何のよい結果をも生み出さないといった、教育(の変革)を全否定するような議論も存在する。

反論

確かに、教育を変えても、労働市場も社会福祉も変化しないならば、苦境にある人々の状況は何ら改善されないおそれはある。しかし、本書が主張しようとしているのは、労働市場や社会福祉の変革はまずもって必要であり、それと並行して教育の変革も必要だということなのである。

現代日本では、教育と労働と福祉が、それぞれ大きな問題を含んだまま、互いにねじれて絡み合う形で固まってしまっている。教育は人々を仕事の世界に備えさせる機能を欠き、仕事の世界では労働者に適正《ディーセント》な労働条件と能力形成機会が与えられていないため、働く者は自らの身を守るすべを何らもたないまま、過酷な現実にただ耐えている。それを補うための社会保障・社会福祉もきわめて手薄であり、さらに近年はいっそう切り下げられてきた。それゆえ、この三者のいずれかではなく、そのすべての変革に着手することが、人々の生活の維持と社会の存続にとって不可欠なのである。

とくに、労働の世界を変えるためには、政策や法律もむろん必要だが、それだけでは仕事の現場が遍《あまね》く変化してゆくかどうかは覚束《おぼつか》ない。教育の職業的意義を高めることによって、社会の構成員すべてが〈抵抗〉と〈適応〉の手段を手にし、自分の身を守ると同時に働き方そのものを変えてゆく実質的な「声」をもつということが、政策や法律の策定・実施の後押しになるだけでなく、人々が日々従事している仕事のさまざまな個別具体的な側面を正してゆくためにも必要なのである。

そして社会福祉には、人々の基本的な生活を普遍的に支え守るという役割と、労働市場への参入・再参入を望む人々にはそのための支援を提供するという両面の役割があることは言うまでもない。このうち後者の有効性を高めるためにも、個々人がライフコースの早期に経験する教育の職業的意義を向上させ、また社会に出たのちにさらに積み重ねられる教育訓練の成果がただしく評価されるような労働市場の体制を、作り上げてゆくことが求められているのである。

†本書の構成

以上の反論によって、本書の考え方のあらましは、読者にかなりわかっていただけたのではないかと思う。これに続く本書の各章では、このような基本的な考え方をデータや事例によって裏づけつつ、より詳しい議論を展開してゆきたい。

各章は、次のような構成をとっている。

まず第1章では、なぜ今「教育の職業的意義」が必要とされているのかについて、若年労働市場の現状に基づいて議論する。すでに多くの報告があるように、九〇年代半ば以降、日本の若年労働市場は大きく変貌した。急激に増加した非正社員の働き方は、雇用の不安定さ、賃金の低さ、脱出の困難さを特徴とするが、そうした特徴はいずれも、彼らが職業能力を形成しそれに見合った処遇を受ける機会を著しく欠いていることと、密接に関連している。また非正社員が増加しただけでなく正社員の働き方も変化し、長時間労働化と賃金の抑制が顕在化して、従来の正社員とは異質な「周辺的正社員」も増大している。企業は正社員の教育訓練コストも縮小しており、職業能力形成機会の不足という問題は正社員にも及んでいる。さらに重要なのは、正社員・非正社員を問わず、違法な働かせ方が蔓延しており、しかも若年労働者は違法行為をただ受け入れ耐えている場合が多いということである。こうした状況に対して、労働市場改革や職業訓練を含む社会福祉の拡充がむろん必要とされるが、それだけでなく、労働市場に出てゆく前の若者に対して、彼らがこうした現状に対して立ち向かうことができるような力づけを、教育を通じてあらかじめ与えておくことが、同時に必要とされていることを述べる。

第2章では、日本において「教育の職業的意義」が見失われてきた歴史的経緯を振り返る。戦後の日本社会では、高度経済成長期から一九九〇年前後にかけて、いわゆる「日本的雇用慣行」の確立と、高校・大学進学率の上昇が同時期に急速に進んだ。その過程で生じたのは、一方では新規労働力の給源とされた若年者の間の学歴構成の急変による教育歴と職務との対応の崩壊であり、他方では企業内部における一般的職務遂行能力を基準として処遇を決定する「職能資格制度」の定着普及である。これらの結果、日本における教育歴は多くの場合、抽象的な訓練可能性の代理指標とみなされることになり、教育内容と仕事内容の実質的な関連性・対応性としての「教育の職業的意義」への社会的関心は著しく後退するにいたった。しかし、このようにしてできあがった教育と仕事との日本独特な関係は、第1章で述べたようなその後の労働市場の変化に際して機能不全を起こし始めており、その再編が必要とされているということを述べる。

第3章では、日本における「教育の職業的意義」の希薄さが、世界的に見ても特異であることを、国際比較によって確認する。さまざまな国際比較データから明らかなのは、日本では後期中等教育段階でも高等教育段階でも、他国と比べて「教育の職業的意義」がきわめて低いということである。その原因は、第2章で述べたように、教育の分野別構成——とくに後期中等教育段階における普通科の多さと高等教育段階における人文・社会科学分野の多さ——や、職務の輪郭を明確化しない「日本的雇用慣行」および教育と仕事の接合点としての新規学卒一括採用のあり方にある。こうした日本のあり方が、他の先進諸国における教育と仕事についての考え方や実態と対比して、いかに「異様な」ものであり、グローバル化が進行する中で孤立や立ち遅れの危険をはらむものであるかについて述べる。

第4章では、九〇年代後半から「教育の職業的意義」と似て非なるものとして日本の教育現場に強い支配力を及ぼし始めている「キャリア教育」と、その問題点について議論する。第2章で述べるように、日本では高度成長期からすでに「教育の職業的意義」は失われていたが、九〇年代以降に顕在化した若年雇用問題への教育面での対処策として、「キャリア教育」が政策的に掲げられるようになった。それは、若者に「望ましい勤労観・職業観」と「生きる力」的な「汎用的・基礎的能力」を植えつけようとする営みである。しかし、実際には「キャリア教育」は方法論としては曖昧で拡散しており、若者に対して自己決定を求める規範や圧力としてのみ実体化している。そのもとで若者の間では、進路をめぐる不安や「自己実現アノミー」がむしろ増大している。こうしたさまざまな問題をはらむ「キャリア教育」に代わって、より具体的な知識やスキルを確実に伝える教育が必要であることを主張する。

第5章では、これからの「教育の職業的意義」をいかにして構築してゆくかについて論じる。「教育の職業的意義」と密接に関連する、教育学・社会学・運動論などのさまざまな議論を整理した上で、〈適応〉と〈抵抗〉の両面を備えた「教育の職業的意義」が、「戦後日本型循環モデル」の崩壊という現状のもとで不可欠となっていることを述べる。さらに、「教育の職業的意義」の中身を具体的に考えてゆく際の重要な指針となる、「柔軟な専門性」という原理について、解説を加える。否定的反応②・④への反論においてすでに述べたように、本書が想定する「教育の職業的意義」とは、特定の専門分野を切り口としつつ、その後の発展や転換に開かれ、またすべての働く者にとって必要な、労働に関する知識をも含んだものである。「戦後日本型循環モデル」が内包していた問題、そしてその崩壊が今もたらしている問題を乗り越え、かつ「キャリア教育」や「生きる力」のような過剰に抽象的で汎用的な人材像への要請にも抗うためには、「柔軟な専門性」という原理に沿った教育課程・教育制度や、労働市場の再設計が不可欠となるということについて論じる。

冒頭に記したことをもう一度述べるならば、本書は日本で長く見失われてきた「教育の職業的意義」の回復を、広く世に訴えることを目的としている。それは、問題が山積している現代の日本社会の再編という大きな課題に、教育という一隅から取り組もうとすることであり、魔法のような解決策というよりは、言わば社会の体質改善ともいうべき地味な提言であることは否めない。しかしそれでもなお、本書で述べてゆくことの必要性について、筆者は確信をもっている。それができるだけ多くの人に届き、受け止めてもらえることを願う。

註

＊1　本書では、「意義」という言葉を「レリバンス」という言葉と同義のものとして用いている。「教育のレリバンス」に関する筆者のこれまでの議論としては、本田由紀『若者と仕事』（東京大学出版会、二〇〇五年）などを参照

第1章　なぜ今「教育の職業的意義」が求められるのか

†増加する非正社員

本書が「教育の職業的意義」の向上を主張する理由は、他でもなく、若者の仕事の世界が近年大きく変化しており、それに応じて教育という世界が担うべき役割や責任もまた変化しているということにある。

過去十数年間にわたり、日本の若者たちは、働くことをめぐる受難にさらされてきた。若者の仕事の世界が様変わりしつつあることについて、一九九〇年代半ば頃から徐々に、そして世紀が変わってからは加速度的に、数多くの報道やレポート、調査研究成果が世に現れている。

二〇〇〇年代初頭までのそれらの言説の中では、「若者が働く意欲をもたなくなったからだ」といった若者バッシングの論調が強かったが、二〇〇五年頃を境に、若年雇用問題が経済や社会の構造から生み出されたものであることについての認識が広がってきている。テレビや新聞でも「フリーター漂流」「ワーキングプア」「ネットカフェ難民」「ロストジェネレーション」「年越し派遣村」などの実態が盛んに伝えられて社会からの関心を集め、『生きさせろ！』（雨宮処凛著、太田出版）という悲痛なタイトルをもつ本もベストセラーとなった。

実際に、若者の働き方に関するさまざまなデータは、一方には不安定で低賃金の非正社員が増加し、他方では正社員の過重労働・長時間労働が進んでいることを明らかに示している。総務省統計局の「労働力調査」（詳細集計）によれば、二〇〇八年時点で一五〜二四歳の若者（在学者を除く）のうち、男性では二八・六％、女性では三五・四％が非正社員である。二五〜三四歳でも男性の一四・二％、女性の四一・二％は非正社員である。若年非正社員のうち、いわゆる「フリーター」（パート・アルバイトとして働く者及びその無業者の中でパート・アルバイトとして働くことを希望する者）の人口は、一九九〇年代初頭から二〇〇三年までに二倍以上に拡大して二一七万人に達し、その後は減少傾向にあるが、「フリーター」以外の派遣社員や契約社員などを含む非正社員全体については二〇〇三年以降も高止まりが続き、二〇〇八年時点で三四四万人を数えている。また、三五〜四四歳層では非正社員の増加傾向が続いており、男性だけで見ても同時期に四四万人から五九万人へと増大している。

二〇〇五年頃から二〇〇八年にかけては、若年人口自体が縮小しつつあることに加えて、景気の復調と団塊世代の大量退職により、新規学卒採用需要が回復をみせていた。しかし、二〇〇八年秋に起こったアメリカのサブプライムローン破綻をきっかけとする世界的な金融危機により、再び新規学卒採用にも暗雲が垂れこめている。二〇〇九年三月卒業者の内定取り消しが相次いでいることに加え、二〇一〇年三月卒業者については求人数・求人倍率が急激に低下し、九三年頃から二〇〇三年頃までの「就職氷河期・超氷河期」が再現されようとしている。

†非正社員の苦境——低賃金

一九九〇年代初頭にバブル経済が崩壊するまで、日本の若者——とくに新規学卒者——は、労働市場全体の中で恵まれた立場とみなされてきた。他国に類を見ない「新規学卒一括採用」という慣行により、教育機関を卒業する若者の大半はただちに正社員になることができ、長期雇用のもとで安定的な職業生涯を送ることができるというのが「常識」だった。もちろん、若者全員が現実にそうだったわけではないし、正社員の中でも性別や学歴、企業規模などによって、さまざまに有利・不利の差があることは明らかだった。それでも、若くて頭が柔軟で賃金も安い若者は、労働市場において明らかに強みをもつ立場だったのである。日本の若年失業率が他の先進諸国と比べてずっと低かったことも、その証左だった。

しかし、そのような従来の「常識」は、もはや通用しなくなっている。教育機関を出たあとに、企業の正規メンバーとして受け入れられない若者が、膨大に出現するようになっているのだ。そうした非正社員の若者の苦境についてはすでに多くの指摘があるが、あらためてまとめれば、彼らは①容易に雇用を打ち切られることが多く、②賃金が正社員よりも顕著に低く、③一度非正社員や無業になるとその後に安定的で将来性のある仕事に就くチャンスが限られ、④さらに教育訓練や社会保険、安全管理や福利厚生といったさまざまな面でも正社員と比べてはるかに悪条件に甘んじざるをえない上に、⑤「世間」から軽蔑的な視線を注がれがちである。

たとえば賃金についてみると、図1-1に示したように、非正社員は年齢が上がっても賃金はほぼまったく上昇せず、平均して一五〇万~二〇〇万円という低水準のままである。フルタイム労働者の時間当たり賃金を一〇〇としたときのパートタイム労働者の時間当たり賃金の比率を各国について示した図1-2からも、日本ではパートタイム労働者の時給がフルタイム労働者と比べて著しく低いことがわかる。契約社員・派遣社員はパートタイマーやアルバイトと比べると時間当たり賃金の水準は高くなるが、それでも正社員との間

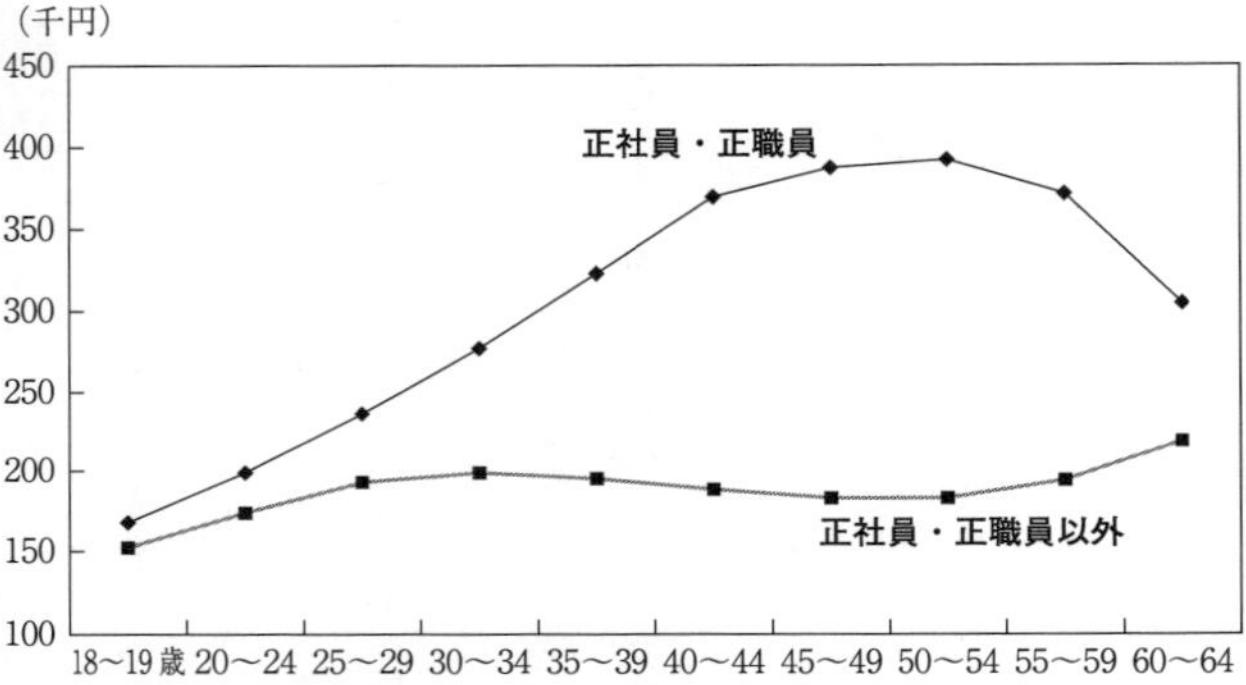

（注）　ここでいう賃金は、月間の定期給与のことである。
（出所）　内閣府「今週の指標」NO.892：データは「平成19年就業構造基本調査」

図１－１　雇用形態による賃金カーブの違い

には明確に差がある。日本社会において、非正社員と正社員との間には、他の先進諸国と比べても著しく大きい賃金水準の格差が存在するのである。

こうした賃金の安さこそが、九〇年代以降の日本社会で非正社員が増加した最大の要因である。厚生労働省の「就業形態の多様化に関する総合実態調査（事業所調査）」（二〇〇三年）の結果によれば、企業が非正社員を活用する理由の第一位は「賃金の節約のため」（製造業五一・四％、卸売・小売・飲食業五六・九％、サービス業四七・五％）であり、それに続いて「一日、週の中の業務の繁閑に対応するため」「景気変動に応じて雇用量を調節するため」など、非正社員が雇用量の調節弁とされていることを示す項

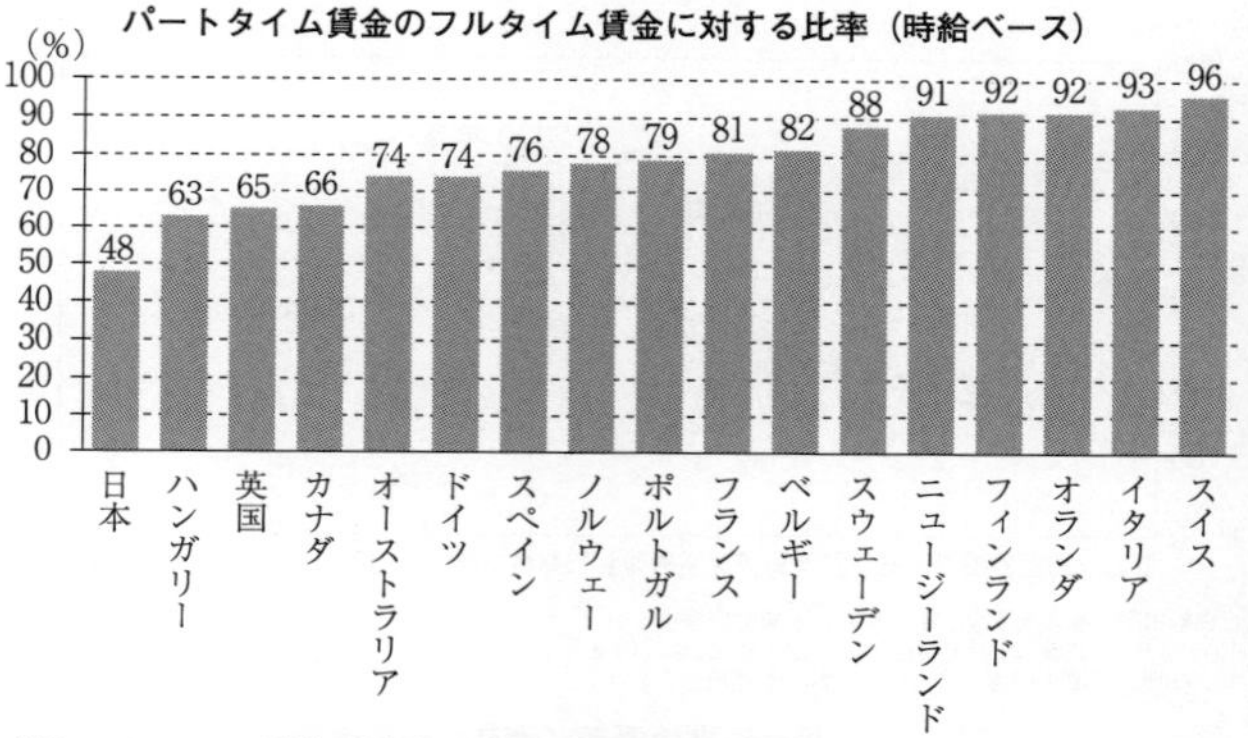

（注） スウェーデンは技能·労務職とそれ以外の値の単純平均
（資料） OECD, Taxing Wages 2004/2005:2005 Edition

図1－2 パートタイム賃金の国際比較（2003年）

目が上位に並んでいる。労働政策研究・研修機構が実施した「多様化する就業形態の下での人事戦略と労働者の意識に関する調査（事業所調査）」（二〇〇六年）においても、非正社員が増加した要因として企業があげる項目の第一位は「労務コストの削減のため」（製造業八一・一%、卸売・小売・飲食業八九・五%、サービス業九〇・二%）であり、第二位以下を大きく引き離している。*2

ただし、賃金に関しては、正社員であっても従来のように順調に上昇する年功的賃金は保証されなくなっている。図1-3に示したように、年齢の増加に伴う賃金の上昇率は、最近になるほど低下している。この図は男性・大卒・標準労働者（転職をしていない労働者）という、労働

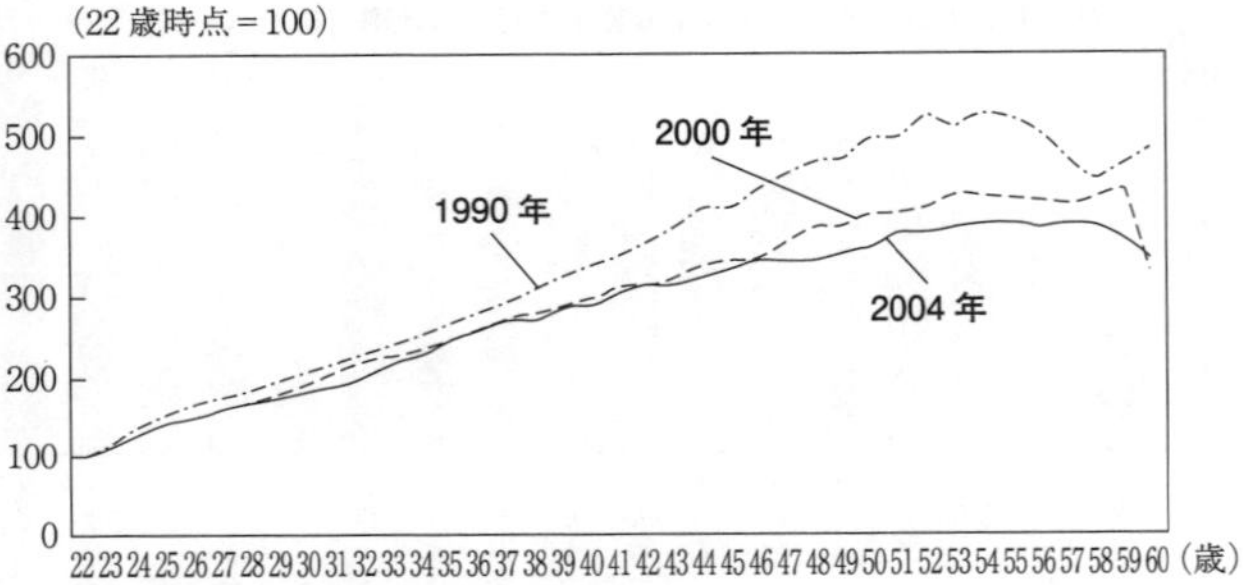

資料出所　厚生労働省「賃金構造基本統計調査」
（注）　賃金は、所定内給与額×12＋過去1年間の賞与
（出所）　厚生労働省『平成17年版労働経済白書』

図1－3　男性標準労働者（大卒）の賃金カーブ

者全体の中で相対的に有利な層を対象としている。こうした有利な層でも賃金の上昇度合いが低下しているのであるから、より低い学歴の者や女性、転職経験者では、いっそう賃金上昇が据え置かれていることは容易に推測される。世界的な生産コスト縮減競争の中で、人件費抑制の圧力は正社員にも及んでおり、それは若年層ほど顕著になっているのである。

†非正社員の苦境――脱出の困難さ

一方、非正社員が置かれた状況の厳しさは、単に賃金水準が低いことだけではない。大半が有期契約で雇用が不安定であることはいうまでもなく、さらに日本で特徴的な問題は、いったん非正社員の世界に入ると、その後に正社員の世界に移るこ

男　性

単位：%、(　)内は実数

	高卒	専門卒	短大・高専卒	大学・大学院卒	中卒・高校中退	高等教育中退	学歴計
正社員定着	21.3	33.2	**39.1**	53.0	5.3	9.8	30.4
正社員転換	6.0	10.9	4.3	7.8	**3.2**	1.6	6.8
正社員から非典型	8.1	5.7	4.3	4.2	6.3	0.0	5.9
正社員一時他形態	4.7	5.2	4.3	2.5	4.2	4.9	4.1
非典型一貫	**34.1**	**22.3**	26.1	14.1	**40.0**	**45.9**	**27.5**
他形態から正社員	**13.1**	10.9	17.4	10.2	24.2	**27.9**	13.9
自営・家業	6.3	10.9	0.0	4.6	10.5	1.6	6.7
現在無業	5.8	1.0	4.3	3.5	6.3	8.2	4.4
その他	0.5	0.0	0.0	0.0	0.0	0.0	0.2
合計 (N)	100.0 (381)	100.0 (193)	100.0 (23)	100.0 (283)	100.0 (95)	100.0 (61)	100.0 (1038)

女　性

	高卒	専門卒	短大・高専卒	大学・大学院卒	中卒・高校中退	高等教育中退	学歴計
正社員定着	19.1	29.6	39.8	49.5	0.0	4.9	29.3
正社員転換	2.5	8.0	8.1	7.7	0.0	0.0	5.4
正社員から非典型	11.3	15.1	13.0	5.3	2.9	7.3	10.3
正社員一時他形態	1.8	6.5	3.7	3.8	0.0	0.0	3.3
非典型一貫	**51.1**	**26.1**	19.9	**22.1**	**72.5**	**58.5**	**36.4**
他形態から正社員	**3.5**	9.0	9.9	9.1	**11.6**	22.0	8.3
自営・家業	2.1	3.0	1.9	1.0	**0.0**	**2.4**	1.9
現在無業	8.2	2.0	3.7	1.4	13.0	4.9	4.9
その他	0.4	0.5	0.0	0.0	0.0	0.0	0.2
合計 (N)	100.0 (282)	100.0 (199)	100.0 (161)	100.0 (208)	100.0 (69)	100.0 (41)	100.0 (962)

(注) 太ゴチック下線は2001年調査の構成比に比べて10%ポイント以上減少したもの。
　　アミカケの太ゴチック文字は、10%ポイント以上増加したもの。なお、学歴計には学歴不明を含む。

(出所) 堀有喜衣編『フリーターに滞留する若者たち』勁草書房、2007年、63頁

表1－1　キャリア類型の分布（性・学歴別）

とが難しいということである。しかも、そうした非正社員から正社員への移動機会の限定性は、最近になるほど強まっている。

表1-1には、労働政策研究・研修機構が二〇〇一年と二〇〇六年の二時点で実施した「若者のワークスタイル調査」から、二〇〇六年における若者のキャリア類型の分布を性別・学歴別に示した。[*3] 表中のアミカケの太ゴチック文字は二〇〇一年調査と比べて一〇ポイント以上増加した数値、また太ゴチック下線は逆に二〇〇一年調査と比べて一〇ポイント以上減少した数値である。男女とも、増加しているのは離学後ずっと非正社員として働いている「非典型一貫」であり、男性全体の二七・五%、女性全体の三六・四%がこれに該当する。この比率は、教育機関を中退した者や高卒者においてとくに高い。逆に、「正社員定着」や「他形態から正社員」には、二〇〇一年から二〇〇六年までの間で減少傾向がみられる。すなわち、学校を出てから、非正社員の状態にずっと留まり続ける者は、二〇〇〇年代前半において増加を遂げている。一度そこに入ってしまうとなかなか抜け出せないルート、それが日本の非正社員の世界なのである。

†正社員の苦境——長時間労働

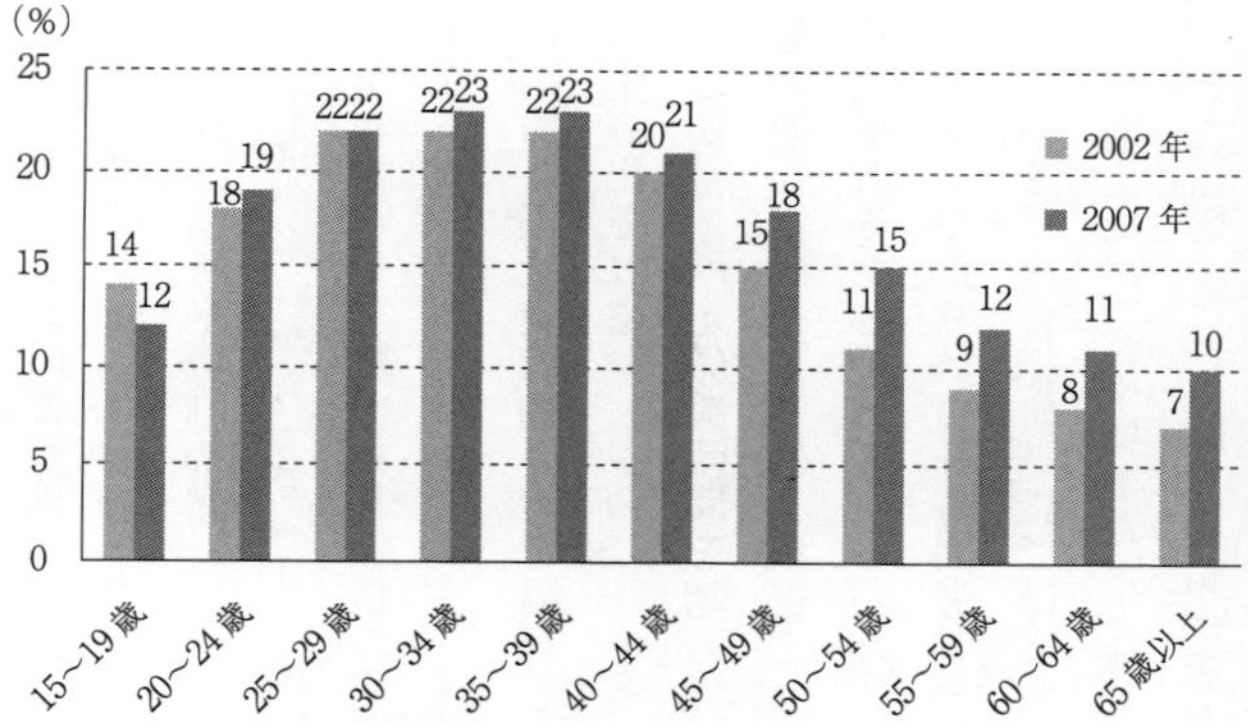

（出所）「総務省　平成19年就業構造基本調査　結果の要約」3頁

図１－４　年齢階級別週間就業時間が60時間以上の「男性の正規職員・従業員」の割合（年間就業日数200日以上）

このように、低賃金、不安定雇用、脱出の困難さに苦しむ非正社員が増加しているのと同時に、他方の正社員の働き方も過酷さを増している。先述のとおり、正社員の賃金上昇率は低下しているが、それと平行して、長時間労働化が進行している。

図1-4に示したように、二〇代後半から四〇代前半にかけての働き盛りの男性正社員の中で、四人に一人近くが週当たり六〇時間以上働いている。二〇〇二年と二〇〇七年を比較すると、中高年層で同比率の上昇が著しいが、もともとその比率が高い働き盛り層でもさらに微増している。しばしば指摘されるように、こうした正社員の長時間労働は他の先進諸国と比べても日本で突出している。

このような長時間労働の理由は、他でもなく仕事量の多さである。二〇〇八年一〇月に連合総研が実施した「第一六回　勤労者の仕事と暮らしについてのアンケート調査」結果によれば、所定労働時間を超えて働く理由として過半数の五四・二％が挙げているのは「仕事量が多いから」であり、続いて「突発的な仕事があるから」が第二位で四二・四％となっている。担当する職務の範囲が明確でない日本の正社員の世界では、人員削減や業務量全体の増大・変動により、一人当たりが担当する仕事量は際限なく増加しかねない。日本的な正社員の働き方を温存したままで、その人口が絞られれば、長時間労働が必然的に生み出される。

しかも、所定労働時間を超えて働いた分に、残業代が必ず支払われるとは限らない。上記の連合総研調査では、残業をした者のうち男性の三〇代・四〇代では過半数が「不払い残業がある」と答えている。

こうした正社員の長時間労働・過重労働は、ストレスや、心身への大きな負担をもたらしている。連合総研調査では、労働時間が長い者、増加している者ほど、ストレスが「かなり増えた」「やや増えた」と答える比率が高くなっている（図1-5）。

また、図1-6は脳・心臓疾患および精神障害に関する労働災害請求数の推移を示して

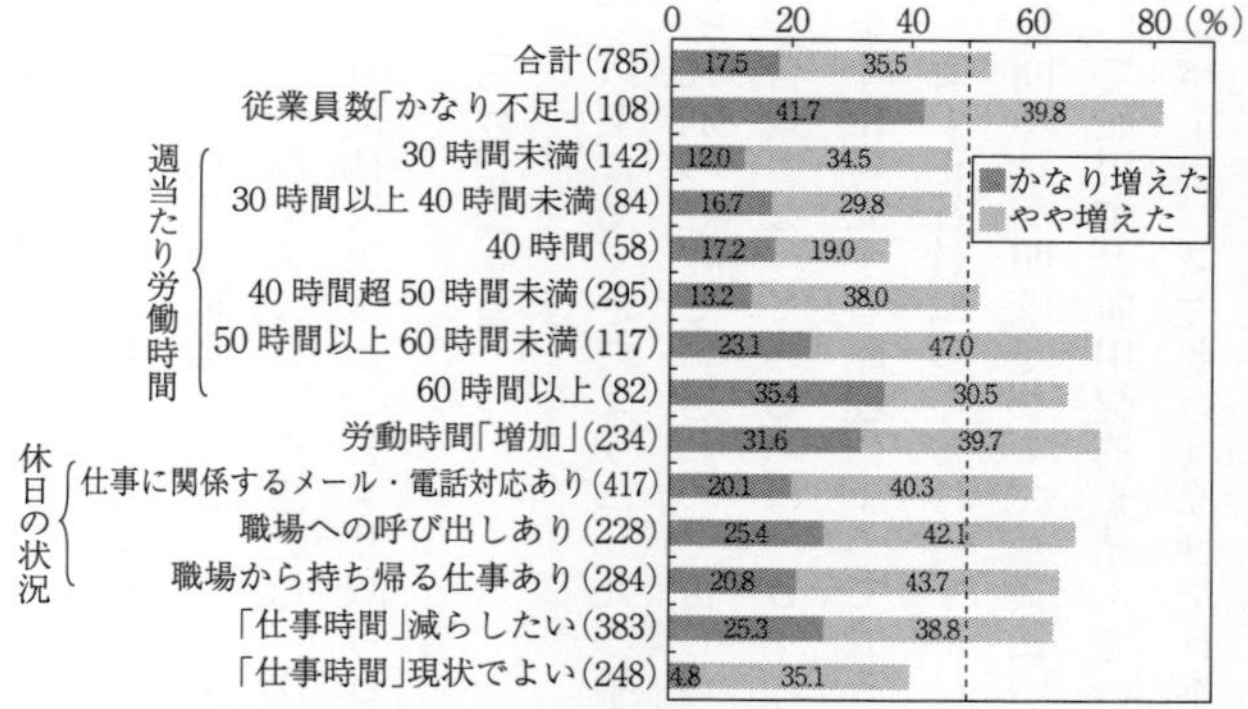

（注）表中の「労働時間増加」は1年前と比べた実労働時間が「かなり増えた」および「やや増えた」と回答した者を合計したものである。また、「仕事に関係するメール・電話対応あり」「職場への呼び出しあり」「職場から持ち帰る仕事あり」はそれぞれの状況が「常にある」「よくある」「たまにある」と回答した者を合計したものである。

（出所）連合総研「第16回　勤労者の仕事と暮らしについてのアンケート調査」

図1－5　仕事の状況・仕事時間の希望別「ストレス増大」の割合

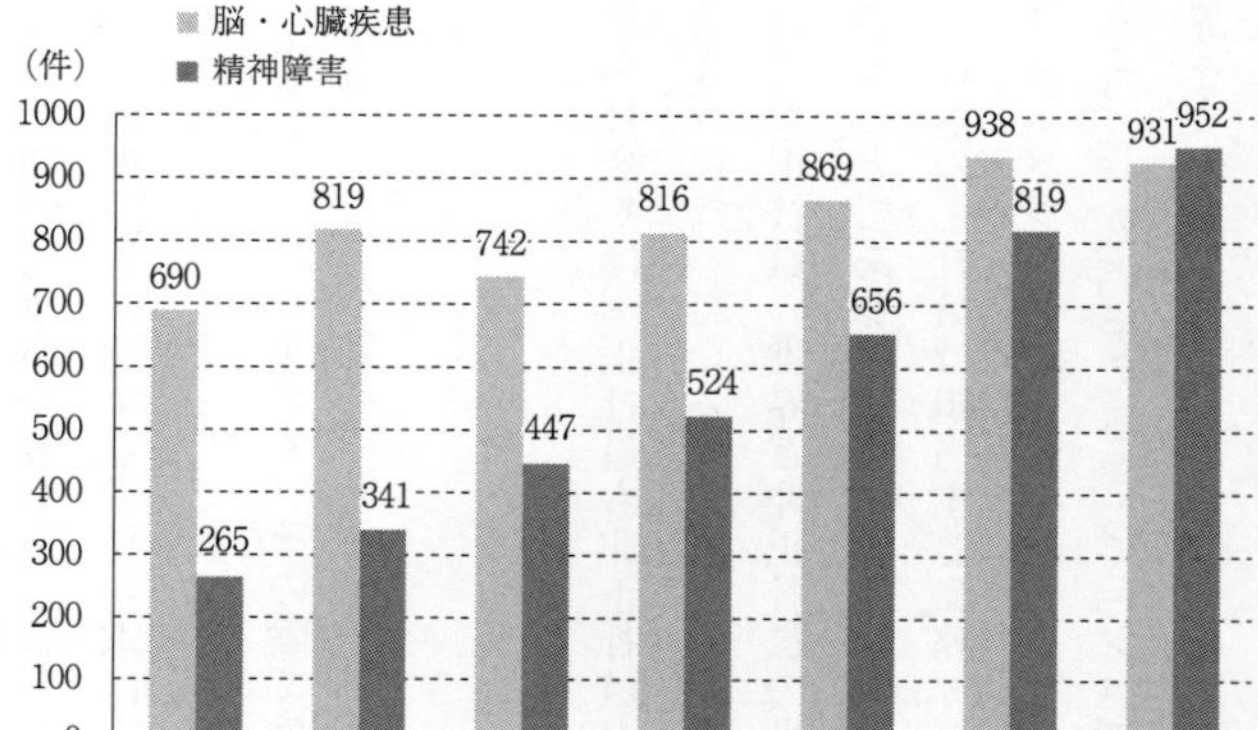

（出所）厚生労働省「脳・心臓疾患及び精神障害等に係る労災補償状況（平成19年度）について」

図1－6　労働災害請求数の推移

いるが、いずれも増加しており、とくに精神障害の増加の度合いが著しい。脳・心臓疾患の労災請求者には中高年者が多いが、うつ病などの精神障害に関する労災請求は六割以上を三〇代以下の若年層が占めている。心身の病のうち、労働災害として請求される件数がごく一部であることを思えば、図1-6は氷山の小さな一角にすぎず、その陰では膨大な数の正社員が体と心をすり減らしつつある。

†二つの両極端な世界

以上に見てきたように、九〇年代初頭以降の日本社会では、正社員も非正社員も、それぞれ別の意味で、きわめて苦しい状態に置かれるようになっている。こうした事態の重要な背景となっているのは、日本の労働市場において、正社員の世界と非正社員の世界が、全く相対立する原理によって成り立っているということである。

まず正社員については、すでに触れたように、日本の正社員は担当する職務＝ジョブの範囲や量が明確でなく、企業という組織に所属する＝メンバーであるということのみについて雇用主と雇用契約を結んでいる場合が大半である。言い換えるなら、「ジョブなきメンバーシップ」という原理が日本の正社員の世界を支配している。[*4] ジョブの輪郭が明確でなく、担当する仕事の中身は属人的かつ曖昧に決められるということは、つまりは押し付けられる仕事量の歯止めが実質的に存在しないということに他ならず、それが正社員の長時間労働を生み出している。

また仕事の量だけでなく、日本の正社員は強固なメンバーシップとしての雇用保障が与えられていることと引き換えに、雇う側は「包括的人事権」を手にしており、従業員の配属部署や勤務地を柔軟かつ自由に決定することができる。つまり、日本の正社員は、自分の仕事の量だけでなく、その中身=質についても、自分でコントロールすることができる権限が小さいのである。配置転換やローテーションにより、それまでとは異なる部署で異なる仕事に従事させられることは、日本の正社員の世界では日常茶飯事である。自分が担うジョブが、一時点で見ても不明瞭であるだけでなく、長期的に見ても一貫したものでないということが、日本の正社員の大きな特徴である。

それとは対照的に、日本の非正社員は、担当する作業としてのジョブはかなり明確である代わりに、企業という組織へのメンバーシップはきわめて希薄である。非正社員は、どのような雇用形態であっても、雇用契約が有期であるのが通常であり、契約期間が切れれば——あるいは切れる前でも——すぐに雇用を打ち切られる。

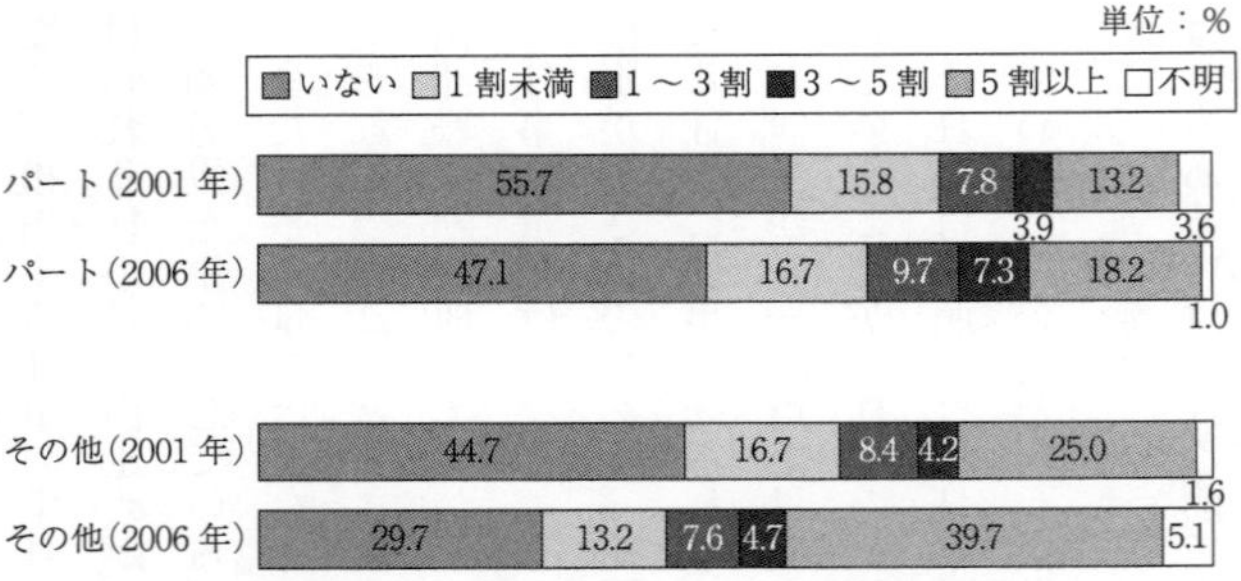

(注) 母数は正社員と非正社員の両方を雇用している事業所数(常用労働者5人以上の民営事業所)。ここでパートは、週の所定労働時間が正社員より短い者、その他はそれ以外の非正社員。
(資料) 厚生労働省「パートタイム労働者総合実態調査」

図1－7　正社員並みの職務に従事する非正社員の割合

非正社員のジョブは、責任や権限が正社員と比べて大幅に限定されている場合がかなり多い。ただし、図1-7からは、正社員並みの職務に従事する非正社員の割合が、パートでもそれ以外でも増加していることがうかがえる。その意味では、正社員と非正社員の仕事内容は、少なくとも一時点で従事する仕事を見る限りオーバーラップしてきているのは確かであり、それにもかかわらず賃金に大きな格差が存在していることは重大な問題である。

しかし、二〇〇八年四月一日に「同一労働同一賃金」を掲げて改正されたパートタイム労働法が、実際には該当するパート労働者の範囲がごくわずかとなる結果に終わったことが示しているように、日本では正社員の将来にわたる責任や異動の範囲があまりにも無限定であるがゆえに、それと「同一労働」であるとみなせる非正社員はきわめて少ないのが実態である。

このように、「ジョブなきメンバーシップ」を原理とする正社員と、「メンバーシップなきジョブ」を原理とする非正社員という、二つの両極端な世界が併存していることが、いずれをも苦境に陥れる結果をもたらしている。正社員はジョブがないことによって過重な長時間労働を強いられ、非正社員はメンバーシップがないことによって雇用の不安定さ、賃金の低さ、正社員の世界への参入の困難さに直面しているのである。

正社員における「ジョブなきメンバーシップ」、非正社員における「メンバーシップなきジョブ」という二つの両極端な世界は、賃金決定のシステムという面から見ても大きな問題をはらんでいる。労使関係研究者の守島基博は、現在の日本における賃金決定のありかたについて、以下のように述べている。

日本型の賃金はこれまで、「人に対して払う」という考え方が基本だった。社員個人を人材として価値付けし、生活保証分も含めた額を支給する。労使交渉も、残業手当やボーナスを含めて「生活給」という前提だった。

しかし、以前のような成長が望めない中、市場と無関係に正社員の賃金を決める方式には限界がある。個人の価値を企業内で明確に決めることは難しい。経営側の自由度が高く、この時代には逆に、いくらでも賃下げできる危うさをはらんでいる。

しかも、同じような仕事でも、この枠組みの外にいる非正規労働者は適正な市場価値よりはるかに低い賃金で、雇用も保証されずに使われる実態があり、社会的な公平性や公正性も失われている。半世紀続いた制度が今、見直しの時期に来ている。[*5]

守島は、二つの両極端な世界において適正な賃金決定のシステムが作動しなくなっており、正社員・非正社員のいずれもが賃金切り下げの危機に直面していることを指摘している。そこには、非正社員が正社員の雇用を守るバッファーであると同時に、劣悪な条件でも受け入れて働く非正社員の存在が正社員の処遇の劣悪化をもたらしているという、パラドキシカルな現実も関わっている。[*6]

†働く者たちの無防備さ

以上で見てきた、正社員と非正社員のいずれについても働き方が厳しくなってきている現状を改善してゆくためには、仕事の世界そのものの変革がむろん不可欠である。筆者は、正社員であれ非正社員であれ、一定のジョブと一定のメンバーシップが確保されるようにすることにより、両者の間の強固なバリアをなくしてゆくことが必要だと考えている。正社員については、自分の担当するジョブの範囲の明確化、長期的に追求するキャリアの尊重が図られるべきであり、そのためにはジョブに関する事項が労働契約に盛り込まれるようにする必要がある。また非正社員については、社会保障費の負担を含む雇用者責任を強化するとともに、安易な雇用の打ち切りが蔓延しないよう規制してゆくことが求められる。

先に引用した守島も、現状の打開策を次のように提案している。「この状況を変えるには、個人に対してでなく、その人がしている仕事に対して賃金を払う「職務給」の要素を、もっと正社員の賃金にも取り入れる必要がある。同時に非正規を正規にきちんと登用する道をつくり、移動の壁を低くする。それにより、もともと職務給の非正規と正規が歩み寄る形で、適正な賃金に平準化されていくのではないか」[*7]

ここにも指摘されているように、労働市場の現状を改善する上で、ジョブの輪郭をこれまでよりも強くするという方向性が重要な課題となる。むろん、日本の労働市場をいっきに職務給に塗り替えることは非現実的であるにしても、ジョブ＝職務という原理を、労働市場において可能な範囲から導入し、中長期的に拡大してゆくことが不可欠である。そして、そのためには、働く側もジョブ＝職務に関する能力を鍛える必要があり、ここに「教育の職業的意義」の向上という本書の主題が密接に関わっているのである。

ところで、このように仕事の世界の改革に取り組む際に、むろん法律などを通じた「上からの」推進は欠かせないが、法律の拡充を実現し運用面でも有効化するためには、すべての働く者が自らの働き方について自己主張をし不正をただしてゆく、「下からの」動きと声を必要とする。しかし、現状では、働く者の中にそのような動きや声を発する素地が、十分に形成されているかどうかは疑わしい。むしろ、日本の働く者たちは、「正当な働き方とはどのようなことか」についての知識や意識が希薄であることを示すデータは数多い。

図1-8は、NPO・POSSEが二〇〇八年に実施した「若者の「仕事」調査」結果から、職場で違法な処遇を経験した比率を雇用タイプ別に示している。なお、雇用タイプの中で「周辺的正社員」とは定期昇給と賞与のいずれかを欠いている正社員であり、「中核的正社員」とはそのいずれもがある正社員である。図1-8からは、どの雇用タイプについても半数前後が違法な処遇を経験しており、とくにパート・アルバイトでは六割近く

に達していることがわかる。同調査では、違法な処遇の具体的な中身もたずねており、回答の中でもっとも多いのは「残業代不払い」、二位は「有給休暇が取得できない」ケースである。

同調査では、違法な処遇を経験した者に対し、その際にどのように対処したかについてもたずねている。その結果、いずれの雇用タイプでも、大半は「何もしなかった」と回答している（図1-9）。さらに踏み込んでたずねると、「何もしなかった」理由をたずねると、「その他」以外でもっとも多い回答は「是正できるとは思わなかった」で、次に多いのは「そのときは違法だとわからなかった」となっている。

このように、日本の仕事の世

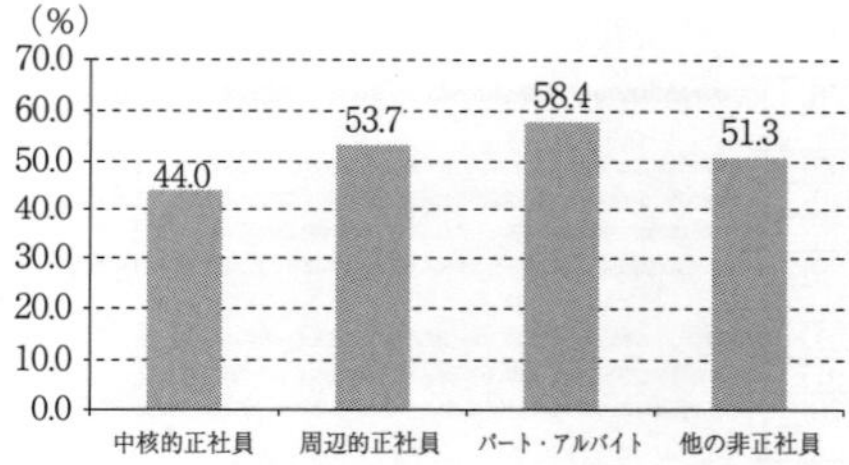

（出所） POSSE「若者の「仕事」調査」2008

図1－8　雇用タイプ別　違法な処遇の経験

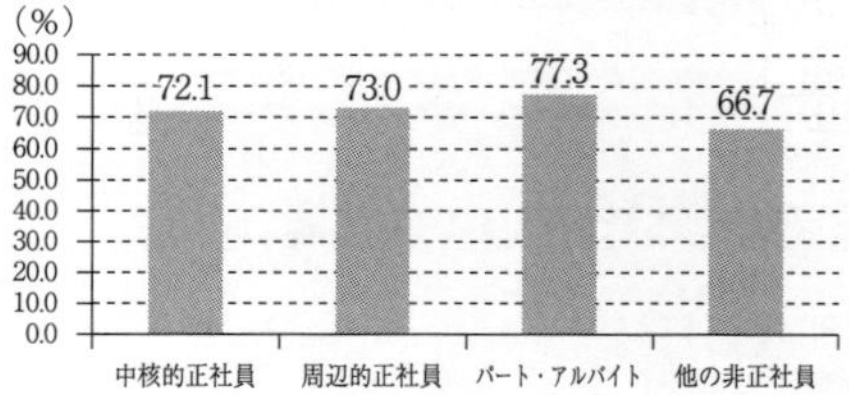

（出所） POSSE「若者の「仕事」調査」2008

図1－9　雇用タイプ別　違法な処遇に対して「何もしなかった」比率

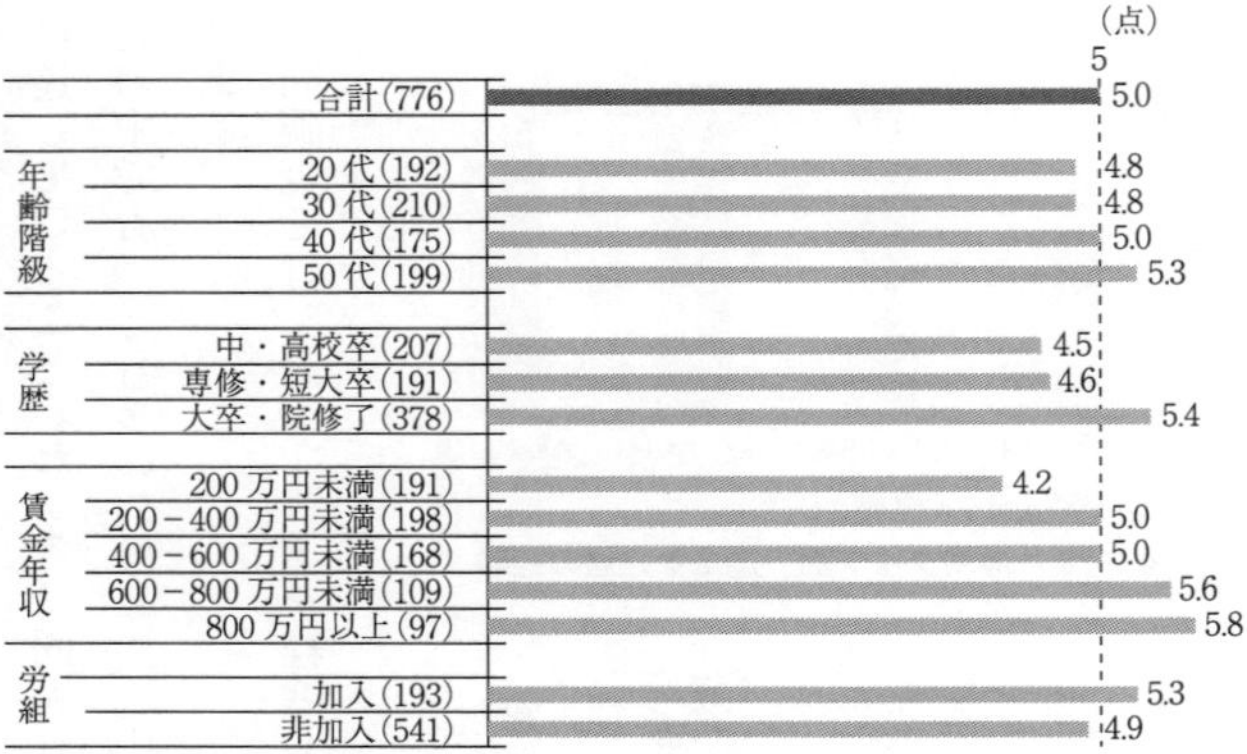

(注1)　(　)内は各グループの人数(N)を表す。
(注2)　無回答を除いて算出
(注3)　問37では、法律で労働者の権利として定められているものを、以下の項目から選択してもらった(複数回答)。各選択肢につき正答1点、誤答0点とし、9項目を合算した得点を「権利認知目安得点」とした。
1　労働組合を作ること
2　原則子どもが1歳になるまで育児休業を取得できること
3　定年退職後も引き続き働けるよう要求できること
4　残業した場合に賃金の割増を要求できること
5　セクハラに対して損害賠償を請求すること
6　国で決められた最低賃金以上の賃金をもらえること
7　年間最低10日の有給休暇を要求できること
8　10年勤続で、5日間の連続休暇が付与されること
9　会社が倒産しても未払い分給与を請求できること
(注4)「200万円未満」において、「賃金収入はない」とする者は除外
[参考]60代前半:5.0点
(出所)連合総研「第16回　勤労者の仕事と暮らしについてのアンケート調査」

図1-10　権利認知目安得点(属性別)

界では違法な処遇が蔓延しており、働く者たちがそれに対して言わば「泣き寝入り」している現状がある。しかも、このような知識や認識の欠如は、労働市場において違法にさらされやすい、相対的に不利で立場の弱い層においていっそう著しい。

図1-10は、前掲の連合総研調査から、労働者としての権利を認知している度合いを得点化し、さまざまな属性別に示したものであ

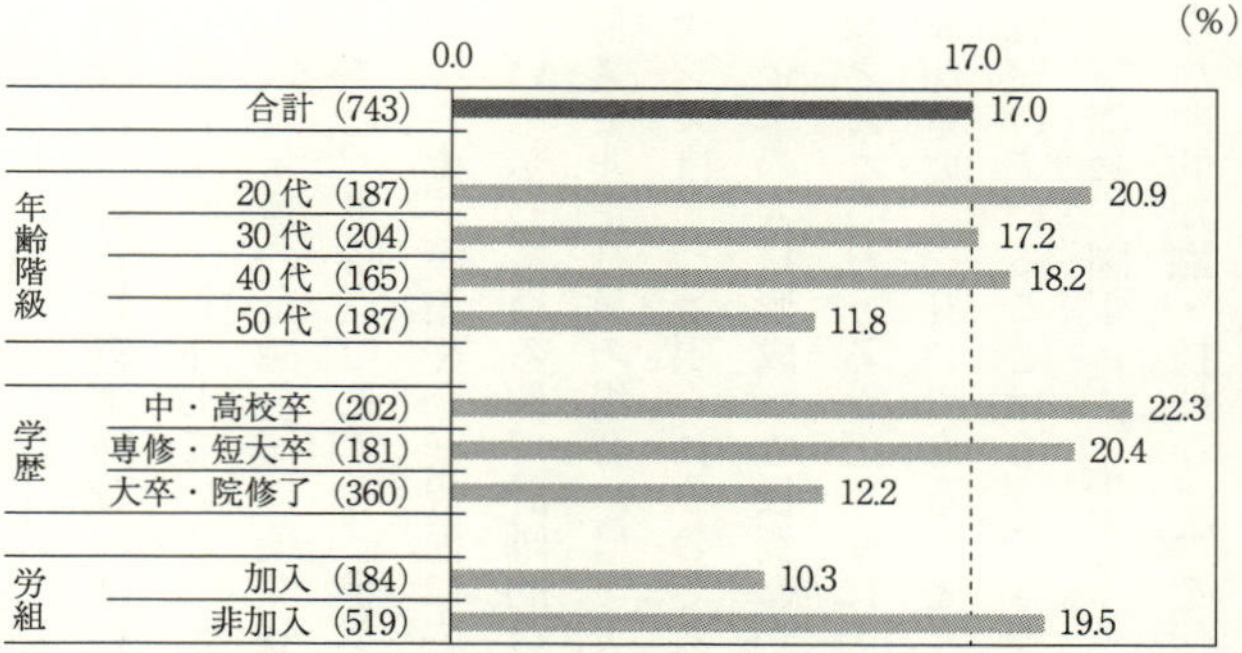

（注1）（　）内は各グループの人数(N)を表す。
（注2）無回答を除いて算出。
［参考］60代前半:8.9%
（出所）連合総研「第16回　勤労者の仕事と暮らしのアンケート調査」

図1-11　労働者の権利を知る機会はなかったとする割合（属性別）

る。また図1-11には、同調査から、「労働者の権利を知る機会はなかった」と答えた比率を示している。若年者、大卒・院卒以外、低収入層、労組未加入層といった層において、図1-10では権利認知目安得点が低くなっており、図1-11では「権利を知る機会はなかった」と答えた比率が高い。彼らは、労働者として何をどこまで正当に要求しうるかについての知識を欠いた無防備な状態のまま、厳しい労働市場にさらされているのである。

†人材形成の不十分さ

しかも、労働者が欠いているのは権利についての知識だけではない。仕事を遂行する上で必要な知識やスキルを身につける機会もまた、近年減少しつつある。図1‐12は企業の職業教育訓練実施率の推移、図1‐13は企業の労働費用計に占める教育訓練費の推移を、それぞれ示したものである。いずれについても、九〇年代に大きく低下していることがわかる。二〇〇〇年代半ばにはやや上昇しているが、二〇〇八年秋の金融危機に続く長期不況が見込まれる中で、再び低下すると予想される。

また、単時点で見ても、企業が行う職業教育訓練の機会には、正社員・非正社員の別のみならず、産業や企業規模に応じて大きな差がある。図1‐14はOff‐JTの受講機会について示しているが、計画的OJTについても同様の傾向が見られる。従業員数の少ない企業や非正社員の場合には、大企業の正社員と比べて、企業のOff‐JTやOJTのチャンスはずっと限られるのである。

企業の人材形成への投資はかつてと比べて後退しており、また働き方によって投資の対象とみなされうるかどうかに大きな格差がある中で、企業以外の場における職業能力の形成が重要になりつつある。とくに、大半の若者が経験する学校教育が、そうした役割を免れ続けていることはもうできなくなっている。

実際に、図1‐15に示すように、日本の若者の多くは、学校教育に対して「職業に必要な専門的知識・技能など」を伝えてくれることを強く期待している。それにもかかわらず、

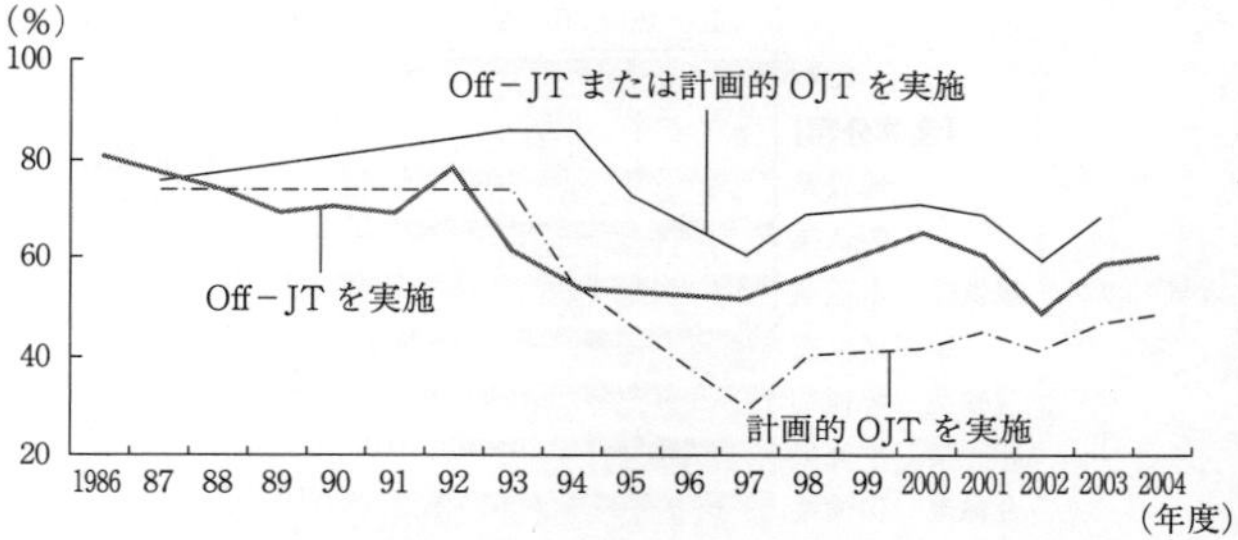

(注) 1. 厚生労働省「民間教育訓練実態調査」(1986～98年)、「能力開発基本調査」(2000～2004年)により作成。
2. 以下の調査年度は、項目ごとに調査を行っていないため、そのままつないでいる。
(1)「Off－JTまたは計画的OJTを実施」は、1988～92年および99年
(2)「Off－JTを実施」は、1987年、95～96年、98～99年
(3)「計画的OJTを実施」は、1988～92年、95～96年および99年
3. 両調査は調査方法等が異なるため、単純な比較はできないことに注意。
(出所) 内閣府『平成19年版　国民生活白書』146頁

図１－12　職業教育訓練実施率の推移

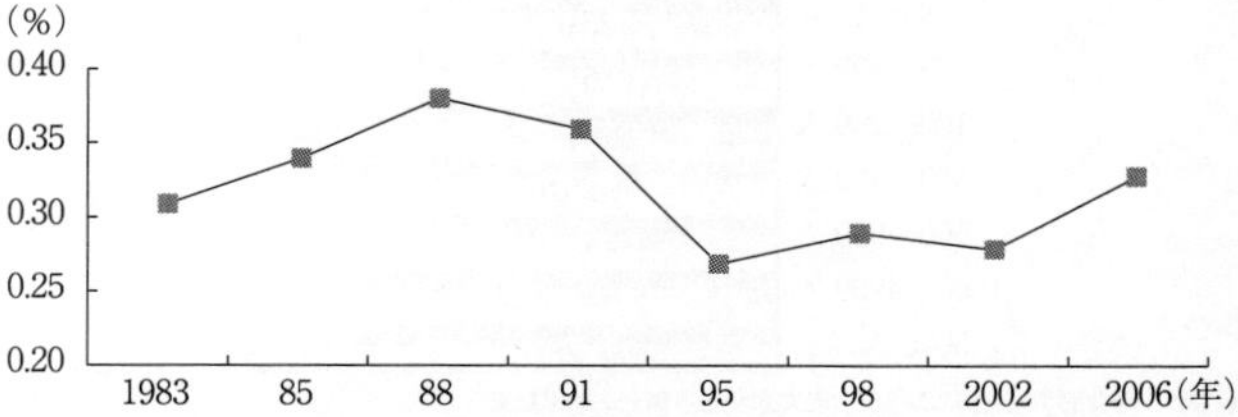

(注) 1. 厚生労働省「労働者福祉施設制度等調査」(1983年)、「賃金労働時間制度等総合調査」(1985～98年)、「就労条件総合調査」(2002～2006年)により作成。
2. 教育訓練費の割合は、常用労働者1人1ヶ月平均の教育訓練費/労働費用総額で算出。
3. 教育訓練費は、企業の教育訓練施設(一般的教養を高める目的で設置された学校は含めない。)に関する費用、指導員に対する手当、謝礼、委託訓練に要する費用の合計額としている。
(出所) 内閣府『平成19年版　国民生活白書』149頁

図１－13　労働費用計に占める教育訓練費の割合

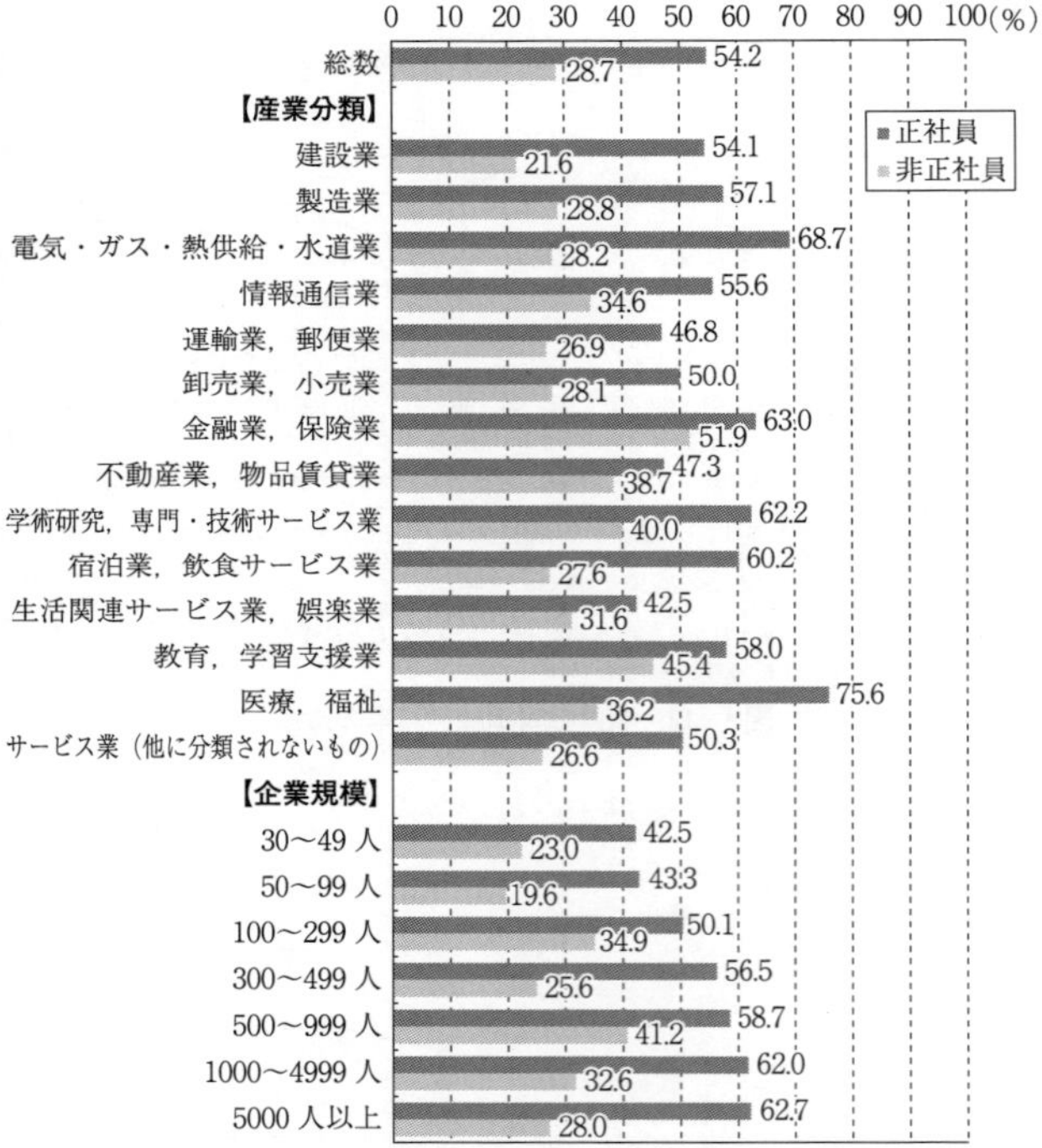

（出所）　厚生労働省「平成20年度　能力開発基本調査　結果概要」

図1－14　Off-JT を受講した労働者の比率（雇用形態別）

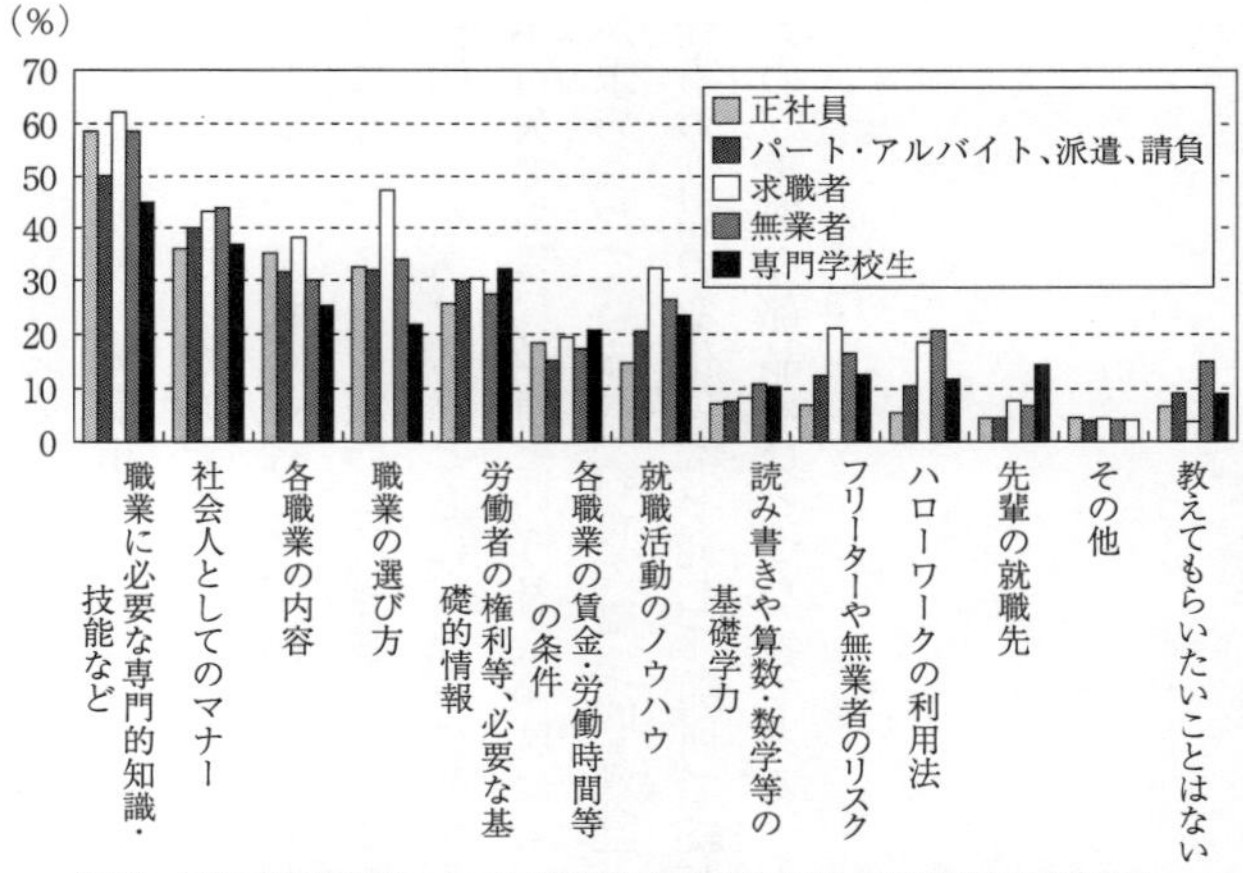

（出所） ㈱UFJ総研「若年者のキャリア形成に関する実態調査」(2004年厚生労働省委託調査)、厚生労働省『平成20年版労働経済の分析』118頁

図1-15 学校生活を通じてもっと教えて欲しかったこと（複数回答）

日本の学校教育の大部分については職業能力の形成という機能が希薄な状態にある。第3章で述べるように、それは国際的に見ても明らかな日本の特異性なのである。

†いま教育に求められていること

以上に見てきたように、一九九〇年代以降、日本の仕事の世界は、正社員・非正社員を問わず過酷化している。しかしながら、労働者の権利についての知識という面でも、職業能力形成という面でも、働く者たちは自らの深刻な事態を改善するための手段を手にしていない。

状況を改善するためには、日本社会における働き方そのものを法や規制を通じて改善していくことや、労働市場から排除された人々へのセーフティネットとしての社会保障を拡充していくことが必要であることは言うまでもない。

しかし、それと並行して、働く者たちが自分たちの身を守るためのさまざまな手段を彼らに与え、不当な扱いに泣き寝入りするのでも、ただ受け身に施策を待つのでもなく、積極的に声をあげるとともに、仕事に関するすぐれた力を発揮できるようにしてゆくことが不可欠である。教育という社会領域にも、このような課題に対して正面から取り組むことが求められている。「教育の職業的意義」を現代の文脈に即して再構築すること、それは、仕事の世界の変化に端を発して随所で綻びがあらわになりつつある日本社会を立て直すための、重要な部品のひとつなのである。

註

＊2　二つの調査結果はいずれも厚生労働省『平成二〇年版労働経済の分析』一八七頁より

＊3　堀有喜衣編『フリーターに滞留する若者たち』勁草書房、二〇〇七年、六三頁

＊4　濱口桂一郎『新しい労働社会——雇用システムの再構築へ』岩波新書、二〇〇九年

＊5　二〇〇九年六月三〇日付朝日新聞二八面掲載記事より

＊6　本田由紀「見殺しにしつつ自らの首を絞める「正」と「非正」のパラドキシカルな関係」『週刊朝日緊急増刊　朝日ジャーナル』二〇〇九年四月三〇日号

＊7　註5の記事より

第2章 見失われてきた「教育の職業的意義」

†一九六〇〜八〇年代における「教育の職業的意義」の特異性

前章では、若者の仕事の世界の現状から、逆算的に「教育の職業的意義」が必要になっていることを述べた。そのような議論を別の方向から裏づけるためには、「教育の職業的意義」が希薄なままですんできた過去数十年間の日本社会の状況を相対化する作業が必要である。我々が長いあいだ慣れ親しんでおり、それゆえに自明視しがちな社会の状態は、俯瞰的・大局的に見ればむしろ不可思議なものである場合がある。それを認識することが、状況の変革や改善への後押しにつながるはずだ。

アメリカの社会学者メアリー・C・ブリントンは、一九六〇〜八〇年代の日本の若者が経験していた教育と仕事との関係性——学校という「場」にしっかり帰属している状態から、職場という新しい「場」にしっかり帰属した状態への移行の道筋がはっきり標準化されていたこと——のほうがむしろ特異なものであったと述べている。[*8] 筆者もそれに同意する。日本の「教育の職業的意義」は、この時期に特異なほどの希薄化を遂げた。その「特異さ」は、他の諸国と比較して特異であったという意味と、日本社会の歴史的な時間の流れの中で見て特異であったという意味の両面を含んでいる。

前者の国際比較という面については次章で論じることにし、本章では、近代化開始以後の日本社会の長期的な時間の流れの中に、一九六〇～八〇年代における「教育の職業的意義」の低下をもたらした社会経済的な諸条件と、現代におけるそれらの条件の変化および「教育の職業的意義」の必要性の再浮上という変動を、位置づけてみることにしよう。

†明治期から第二次大戦終戦まで

明治維新以降の近代日本社会においては、明治五（一八七二）年の学制、明治一二（一八七九）年の教育令などを経て、学校教育体系が整備されていった。そのプロセスは、西洋文明を日本に導入する役割を担うエリートを養成するための高等教育と、国民として不可欠な基礎的知識や規範を教えるための初等教育の制度化がまず進み、その後に両者の間をつなぐものとしての中等教育が拡充されるという形をとっていた。このような経緯は、「職業的意義」を担う教育機関の整備のプロセスとも重なっていた。

まず高等教育については、明治初期には開成学校、医学校、工部大学校、札幌農学校、法学校、東京職工学校など、高度な専門的・実践的教育を施す各省立の教育機関が乱立していたが、明治一九（一八八六）年の帝国大学令により「国家の須要に応ずる」最高学府としての帝国大学が創設される。創設時の帝国大学は法・医・工・文・理の五つの分科大学から成り、明治二三（一八九〇）年には農科大学が加わる。

このような工・農という技術系大学を含む総合大学は、アメリカを除けば世界で初めての例である。[*9] このことは、近代化初期の高等教育が何よりも「富国強兵・殖産興業」のための道具として位置づけられていたことを示している。以後、明治三〇（一八九七）年に京都、明治四〇（一九〇七）年に東北、明治四四（一九一一）年に九州、大正七（一九一八）年に北海道、昭和六（一九三一）年に大阪、昭和一三（一九三八）年に名古屋の各帝国大学が設置される。

また、一八八〇年頃からは、医・法・経・商などの「実学」色の強い分野で私立の高等教育機関が多数設立され、明治三六（一九〇三）年の専門学校令によりそれらは専門学校として位置づけられるとともに、実業専門学校という制度類型が新たに加えられた。大正七年の大学令は、そうした専門学校・実業専門学校が大学へと昇格することを承認するものであり、それ以後、官立・公立・私立の大学が拡大を遂げた。

一方、初等教育についても、明治五（一八七二）年の学制による国民教育制度の創設、明治一二（一八七九）年の教育令、翌年の改正教育令、明治一九（一八八六）年の小学校令を通じた就学義務の強化などにより、徐々にその整備と普及が進んだ。さらに明治二三（一八九〇）年の小学校令改正に際しては、小学校を補完する初等職業教育機関として徒弟学校・実業補習学校が設けられるとともに、高等小学校には農・工・商の専修科を並置することが定められた。

このように、高等教育と初等教育の制度化が先行し、中等教育の整備はそれらに遅れてすすむことになったが、明治三二（一八九九）年の中学校令・高等女学校令・実業学校令公布以後は、①卒業後に高等学校を経て帝国大学に至る進学ルートとしての中学校、②女子向けの高等女学校、③工業・商業・農業などの職業教育を施す実業学校という、三本立ての中等教育構造が確立された。こうした中等教育への実業教育の本格導入は、欧米に先んじて行われたものであり、当時の日本の為政者にとって実業教育が高い関心事であったことを物語っている。[*10] 図2-1は、当時の学校教育体系を示したものである。この後、小学校令改正が明治四一（一九〇八）年に施行されて尋常小学校が六年制となるが、図2-1の基本的な構造は第二次世界大戦後の新制教育の発足まで継続する。三本立ての中等教育機関への進学者数の推移を大正期・昭和初期について示した図2-2[*11]からは、実業学校への進学者数が大正期以降に急増していたことがわかる。

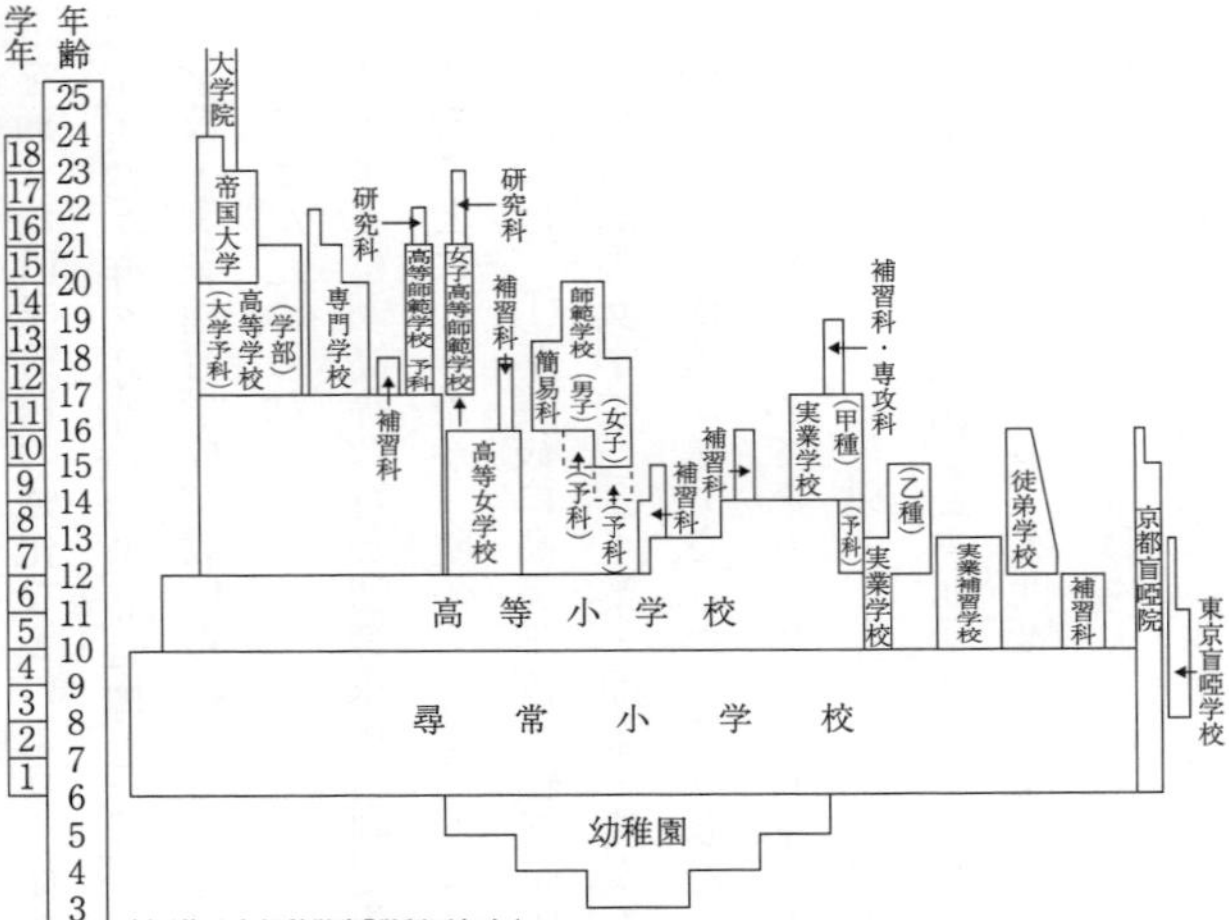

（出所）　文部科学省「学制百年史」

図2－1　明治時代の学校教育体系

以上に示した概略は、明治中期の一八九〇年前後からそれ以降にかけて、初等・中等・高等教育から成る学校教育制度と、それら各学校段階における「実業教育」の拡充が進んでいたことを示している。その背景には、日清・日露戦争を契機とした近代産業の飛躍的発達を背景とした、人材需要の高まりがあった。

　ただし、そうした戦前期の「実業教育」が順風満帆であったわけでも、理想的な「教育の職業的意義」が実現されていたわけでもない。なぜなら、第一に、為政者側

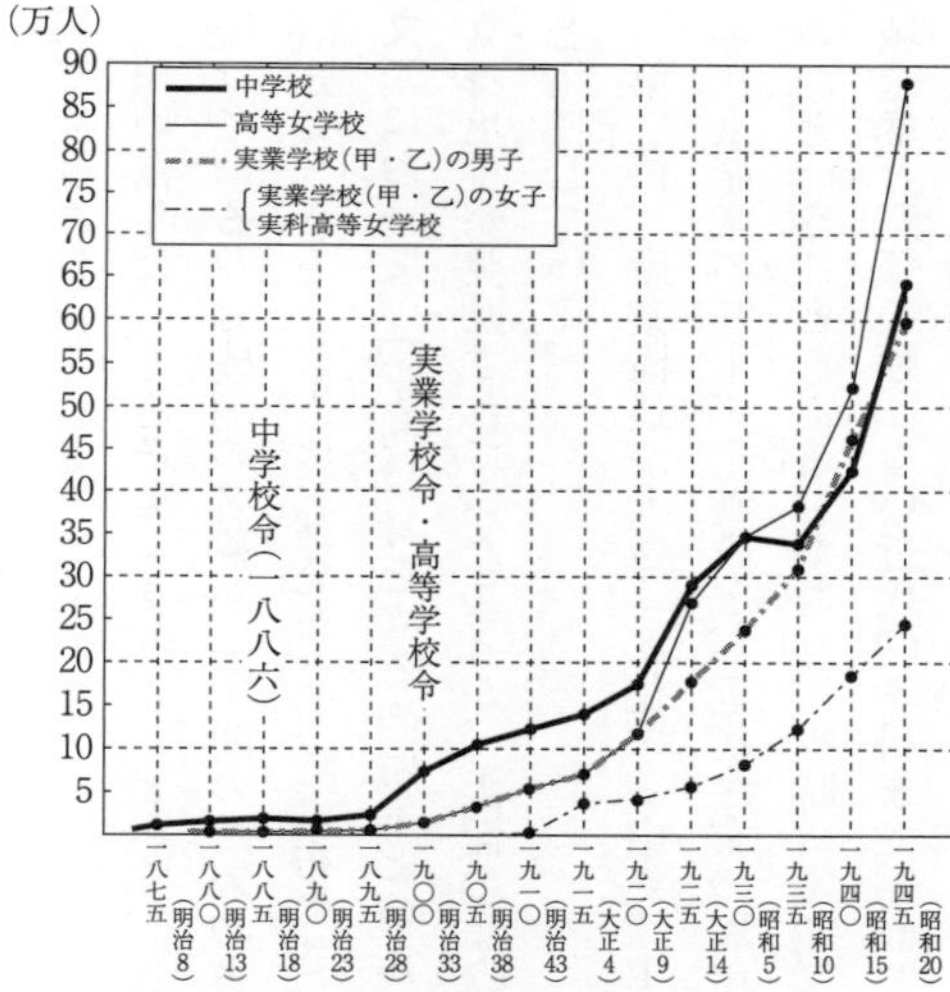

（出所）　宮地誠哉・倉内史郎編『講座 現代技術と教育４　職業教育』開隆堂、1975年、50頁

図２－２　中等学校生徒数の推移（戦前５年ごと）

は「実業教育」にきわめて積極的であったものの、一般の人々の中には「普通教育」への志向が強くあったということがある。図2-2にあるように、実業学校生徒数の伸びは、普通教育を担う中学校の生徒数の伸びよりも遅れた形で進んでおり、両者が同水準になるのはようやく昭和期に入ってからである。

　また、戦前の高等教育の規模はきわめて小さかったため、中学校の卒業者の中で高等学校や専門学校などに進学する者は半数強にすぎなかった。[*12] 実業学校への入学者の中には、普通教育コースに入れず次善の策として実業学校に進んだ者も相当数含まれていた。「進学ルート」と「職業ルート」が二分された「複線型教育制度」において、後者は二次的な位置づけを与えられがちであったことは否めない。

田中萬年は、そもそも「文部省」という、近代化開始期以来ずっと日本の教育を管轄し続けている政府機関の名称が「学問のための省」を意味する言葉であったこと、また、明治五（一八七二）年に学制発布と同時に布告された「学事奨励に関する被仰出書」（学制序文）において、「学問は身を立るの財本といふべきもの」といったように、学問を通じた立身出世が奨励されていたことが、上記のような「普通教育」重視の風潮の淵源であったと指摘している。[*13]

第二に、産業構造が大きく変化する中で、実業学校の性格そのものが、自営を中心とする在来産業のリーダー養成と、近代産業の雇用者の育成との間で、あいまいに揺れ動いていたということもある。[*14] ただし、当時の実業学校内部に踏み込んだ研究は、実業学校が地域産業と関係の強くない近代的学科まで開設して多機能化したことにより、都市の大企業や官庁などの職業に就くためのチャネルを果たしていたことや、教員による研究開発が地域産業の改良・発達に寄与していたことを明らかにしている。[*15]

しかしながら第三に、戦前期の「実業教育」には「臣道実践・職域奉公」的な発想が強かったということも、その問題点として指摘しておかなければならない。たとえば、明治三四（一九〇一）年の全国工業学校長会議において、当時の文部大臣菊池大麓は、次のような演説を行っている。

……工業は恰も軍隊の如く監督指揮を要するが故に、実地に就き職工として充分の研究を為す必要あるに、我国の少年は多く袴羽織の官吏を望み実地の職業を手に取る如き事は嫌悪する習慣なり。是れ等は我国の工業上頗る憂ふる事なれば、是等の弊害匡正は是れ亦教育の任に当るものの責任なり。（中略）我工業社会を見るに道徳上の欠点多く、近時に至り頗る忌むべき風あるを見る。是等は上技師より下職工に至るまで全般を通して改めざれば、直ちに改善することは困難ならん。故に生徒の気風に注意して工業道徳を威ならしむる事に勉められんことを望む。[*16]

ここには、「実業教育」と道徳を結びつけ、各人は自らの「分」に従って産業社会に貢献すべきであるという考え方が現れている。こうした発想は、時代が第二次世界大戦に近づくに従い、社会の中でさらに色濃くなってゆく。

一九三〇年代後半からは、「事業一家・家族親和」の精神を普及し、戦力を増強するため、「皇国の興隆に貢献する」労働の統制政策として、産業報国運動が高まりを見せる。昭和一五(一九四〇)年には大日本産業報国会が結成され、それはさらに国民精神総動員運動や大政翼賛運動へと合流していく。昭和一八(一九四三)年には「教育に関する戦時非常措置方策」が閣議決定され、実業学校の修業年限短縮や、商業学校の工業学校への転換などにより、実業学校は戦時下の工業生産を支える役割を与えられることになる。日本の近代化過程における「実業教育」は、このような全体主義化への流れに対して順接的な性格を、早期から与えられていたことは確かである。

それゆえ、戦前期の「実業教育」を称賛すべきではまったくない。むしろそこには、現代から振り返れば反面教師とすべき点が、数多く見出される。最大の問題点は、序章で述べたような、〈抵抗〉としての「教育の職業的意義」が弱体であり、国家の経済的・軍事的発展を下支えするという、体制への〈適応〉のみが強調されていたことである。

ただし、ここで確認しておきたいのは、そのような問題をはらみながらも、「実学」というものを教育制度に埋め込み機能させようとする政策的・産業的ベクトルが、戦前期においては相当の強さで存在していたということである。後発国として急速な発展を無理やりに遂げようとしてきたこの国の来歴において、それは必然的ともいえる過程であった。

†戦後の教育改革と人材政策

以上に見てきた戦前期の「実業教育」重視のベクトルは、第二次大戦の敗戦後にいったん急降下したのち、再び一九六〇年代にむけて急上昇を遂げる。

敗戦後の占領体制下で、日本の教育はそれまでの軍国主義的性格を払拭し、新たに民主主義と平和主義を体現したものへと再編された。一九四七年に制定された教育基本法と学校教育法が、その骨格を定めている。戦後教育改革の理念は、とりわけ中等教育の改革に典型的に表れている。新制中学校は義務制となり、また戦前の中学校・高等女学校・実業学校を一つの教育機関へと統合した新制高等学校が、「総合制」（普通教育と専門教育を併せもつ教育課程）、「学区制」（一学区一校）、「男女共学制」の三原則のもとに誕生した。西本勝美の言葉を借りれば、「これらの新制中等学校は、単線型の徹底度と普通教育の重視度、そして大衆的性格において戦前・戦中の中等諸学校とは根本的に異なると同時に、その先進性・先駆性は当時、国際的に見ても際立ったものであった[*17]」。

	普通	農業	工業	商業	水産	家庭	小計	総合制	計
統廃合実施前	1213	307	209	162	31	30	1952	355	2307
統廃合実施後	690	141	71	20	20	9	1065	785	1805

（出所）文部省「公立高等学校統廃合実施状況調査」（1949年9月1日現在）＊18

表2－1　高校の統廃合実施前後の学校数

「教育の職業的意義」という本書の観点からとくに重要なのは、新制高校における学科構成の変化である。一九四八年から一九四九年にかけて、高校統廃合を通じた総合制化により、表2－1に示すように単独学科の高校は大きく減少し、総合制高校が倍増して一時は最多の形態となる。

しかし、一高校に複数学科を並置する「総合制」高校においては、ひとつには各高校にさまざまな職業教育のための施設・設備を準備するだけの経費が欠乏していたこと、もうひとつには戦前から継続する、教師や生徒の間での普通教育重視の傾向により、職業に関する教育は従来よりも薄められ後退する結果になった。飯田浩之は、当時の「総合制」高校において、生徒たちは一段下に見られたり実習等が多かったりする専門学科を避け、普通科に集中するようになっていたこと、そして高校の校長には、どちらかといえば職業教育に無理解な従来の中学校や高等女学校の校長がなるケースが多かったために、職業教育軽視の傾向が生じてきたと指摘している。＊19

また田中萬年が指摘するように、戦時下で施行されていた「学校技能者養成令」及び「工場事業場技能者養成令」が、軍国主義政策を推進してきたものとして、終戦後に「教育勅語」廃止に先立って直ちに廃止されたことに表れているように、戦後民主化過程における戦時中の技能者養成政策への嫌悪感が、「実業教育」そのものを否定するように働いていたという側面もあった。[*20]

ところが、こうした動向に対して、新制高校における職業教育の不振を問題視し、職業高校の分離独立により職業教育を振興することに関する提言が、総合制化の開始直後から相次いで現れる。教育刷新審議会建議の「職業教育振興方策について」(一九四九年六月)、職業教育及び職業指導審議会の「高等学校の綜合問題に関する決議」(一九四九年一一月)および「職業高等学校及び高等学校職業課程の改善振興対策について」(一九五〇年三月)、産業教育振興法制定(一九五一年六月)、政令改正諮問委員会「教育制度の改革に関する答申」(一九五一年一一月)、日経連の「新教育制度の再検討に関する要望」(一九五二年)および「当面教育制度改善に関する要望」(一九五四年)など、教育界・産業界双方からの矢継ぎ早の動きにより、職業高校の独立と拡充が進むことになる。

当時、一九五〇年頃から六〇年代半ばにかけては、経済発展・技術革新と、そこに向けて教育を最大限活用することが、政策的にきわめて強く推進された時期である。一九五六年七月には「もはや「戦後」ではない」という言葉で知られる『昭和三一年度経済白書――日本経済の成長と近代化』が発表され、同年一一月には日経連が「新時代の要請に対応する技術教育に関する意見」を提出する。さらに翌五七年一一月の中央教育審議会答申「科学技術教育の振興について」発表直後の一二月には、やはり日経連が「科学技術教育振興に関する意見」を発表している。

一九六〇年に発足した池田内閣は、同年一二月に「所得倍増計画」を閣議決定し、そのための処方として、工業高校の定員増員などを含む「人的能力の向上」を掲げた。その具体策は、翌年に設けられた経済審議会人的能力部会で検討され、審議結果は「経済発展における人的能力の開発の課題と対策」として一九六三年一月に答申される。この答申は「能力主義の徹底」を打ち出し、経済成長に必要な人的能力の選抜・開発の必要性を強調するものであった。[*21]

同時期は、ちょうど敗戦後のベビーブーム期に生まれた世代が、高校に進学してくる時期に当たっていた。こうした高校生徒の急増への対策として、文部省はそれに先立つ一九六〇年一〇月に「基本方針」を定め、学校の新設、学級の増設、学級定員の増加により対応するという見取り図を示したが、そこでは学校や学級の増設に関して職業高校に重点を置くことにより、高校の生徒内での普通学科と職業学科の比率を維持ないし後者を増大させる方針が示されていた。[*22]

実際に、高校の生徒数が当時のピークを迎えていた一九六五年前後において、普通学科と職業学科の生徒比率はほぼ六：四のまま維持されている。なお、この間の一九六一年には、新たに五年一貫制の高等専門学校が発足し、技術人材の育成機関としての役割を果たすようになっていた。

さらに、六〇年代の職業教育重点化政策は、単に量的な増強のみならず、質的にも職業教育内部の編成を多様化・細分化することを強く推進するものであった。一九六三年六月に「後期中等教育の拡充整備について」の諮問を受けた中央教育審議会は、六六年一〇月の最終答申において、高校教育を「職種の専門的分化と新しい分野の人材需要とに即応するよう改善し、教育内容の多様化を図る」ことを掲げている。

これに引き続いて、理科教育および産業教育審議会は「高等学校における職業教育等の多様化について」の諮問に対し、一九六七年八月の第一次答申では森林土木科、金属加工科、電気工作科、衛生工学科、事務科、経理科、営業科、貿易科、秘書科、調理科、和裁科、洋裁科、手芸科、商業家庭科の一四学科の新設を、また翌年の第二次答申では建築施工科、漁業経営科、服飾デザイン科の三学科の新設を提言している。このような高校学科の多様化政策により、一九六五年時点では学科種類は一七一であったものが、一九七三年時点では学科名称総数は二七七、うち職業に関する学科は二五七（工業一四〇）に上っていた。[*23]

こうした政策は、明らかに、「教育の職業的意義」をきわめて重視するものであるといえる。ただしやはり、この時期の政策が意図していた「教育の職業的意義」とは、それ以前と同様に、経済・産業への〈適応〉に偏し、〈抵抗〉という側面はほぼ黙殺するものであったこともまた強調しておくべきである。当時は労働運動が華やかなりし頃であり、〈抵抗〉という面については、教育の外部にある労働組合が相当の機能を果たし得ていたという事実も考慮に入れる必要があるだろう。

しかし、こうした極度の学科の多様化・細分化は、産業界の変動とも、学習者のニーズとも、齟齬《そご》を来していることが、時を経ず明らかになり始める。一九七一年六月にまとめられた中央教育審議会最終答申「今後における学校教育の総合的な拡充整備のための基本的施策について」においてすでに、普通科への進学者の集中や、多様化したコースの内実の空洞化が指摘されているが、まだこの段階では「多様なコースの適切な選択」の必要性が述べられている。しかし、その五年後の一九七六年五月の理科教育及び産業教育審議会答申「高等学校における職業教育の改善について」では、学科の多様化に歯止めをかけ、それに代えて各高校内・学科内での「教育課程の弾力化」、言い換えれば教育内容や方法の次元での多様化を推し進める方向への転換が示される。この方向は、同年一二月の教育課程審議会答申でも受け継がれ、その答申は一九七八年告示・八二年度実施の高校学習指導要領改訂で具体化される。

こうした「教育課程の弾力化」は、「誰もが高等学校に進学してくるようになったなか、多くの多様な生徒たちに、その内実はともかくとして『高等学校教育』と名のつくものを提供できるよう教育の幅を広げること、また、序列化された学校、学科に否応なく振り分けられてくる生徒たちを、実質的にはともかくとして形のうえだけでも『高等学校教育』に適応させるよう、その基準を生徒の実情に合わせて緩和すること」を趣旨としていたと、飯田浩之は指摘している。*24

このように、高校における職業学科の質的多様化政策が頓挫しつつあった一九六〇年代後半から七〇年代にかけての時期には、量的な面でもその後退が目に見えて起こり始める。ベビーブーム世代の高校進学がピークに達した六〇年代半ば以降、職業学科の生徒数は減少を遂げてゆく。これは、ピーク後に該当年齢人口の推移を反映していったん減少した普通科生徒数が、七〇年代前半には盛り返して再び増加を遂げていったことと対照的である。

先述のように、五〇年代から六〇年代前半にかけて著しい盛り上がりを見せていた、経済発展のための「教育の職業的意義」の振興という政策課題は、そのすぐ後の時期には潮が引くように急速にしぼんでゆく。それは、政策的意図を社会と産業の現実が裏切るという事態を、政策が追認していったことを物語っている。では、政策を裏切る現実とは、より具体的には何を意味していたのか。

†「労働力実態」→「教育現実」という規定関係

この点に関しては、乾彰夫の研究をまず参照しておく必要がある。乾は、「職業学科が格差化・序列化の中でおしなべて下位を占めるに至ったのは、(中略) 労働市場など社会的な諸抵抗との関連が深いのではなかろうか。そして、このように見てくれば、たとえば職業学科がそれぞれの学科固有の具体的な内容や社会的職業的な関連性をほとんどまったく捨象するかたちで一元的に序列化され、下位に位置づけられることとなったのは、当初からの政策意図であるよりも、政策が現実化する過程で変容させられた結果といえるだろう」[25]と述べている。乾が強調するのは、六〇年代の「労働力実態」が「教育現実」に及ぼした影響が、「政策意図」を変容させてゆくプロセスである。

乾によれば、先に触れた一九六三年の経済審議会答申「経済発展における人的能力の開発の課題と対策」は、〈教育計画論〉および〈経営秩序近代化論〉という二つの論理から構成されている。前者の〈教育計画論〉とは、「計量化された（経済：引用者）成長目標達成に必要な各種労働力需要を算出し、その需要に合わせて各レベル・分野の学校制度の拡張・改革を進めるという、マンパワー・アプローチ（人材＝需要）理論」や「人的資本への投下が物的資本への投下と同様かそれ以上の成長効果をもたらすとの人的資本理論」[26]など、労働力養成のために教育を計画化するという論理である。

また、後者の〈経営秩序近代化論〉とは、職務分析と作業基準書・標準時間などを通じて、仕事内容と処遇を厳格に管理する近代的労務管理手法への志向であり、その中心に位置づけられていたのは職務給制度であった。職務給とは文字通り、個々人が担当している職務に対して賃金が支払われる制度である。

日経連もまた、一九五〇年代から六〇年代初頭にかけて、職務給の導入を強く提唱しており、六〇年代初めまでは、政府も経営者団体も一致した方向性を示していた。個々の職務を重視する、こうした〈経営秩序近代化論〉の方向性は、〈教育計画論〉と合流することによって、学校教育制度に対しても職務別の人材形成を要請する結果になり、それは具体的には先述の高校学科の多様化政策として現れていた。

しかし、実際に六〇年代の企業内部に普及したのは、職務給ではなく職能給であった。職能給は、労働者の「職務遂行能力」に応じて賃金を定めるという雇用管理手法であり、職務給と比べて職務という要素が後退する代わりに、年功や一般的能力など属人的性格が強い「日本特有の」[*27]制度である。

日経連の能力主義管理研究会報告書が一九六九年に提出した報告書『能力主義管理』では、「職務の要求する能力を有するものが適職に配置されるという能力主義の適正配置が実施されれば、職務給、職能給、いずれも同じことを言い表すにすぎない」と慎重な言い回しをしながらも、労働者の能力評価に関しては「潜在能力」や一般抽象的な「人格」評価に重点を置く記述となっており、職能給的原理が前面に出ていた。[*28]それゆえ『能力主義管理』報告書は、職場で現実に進んでいた職能給の導入を追認する性格のものである。

職能給制度は、新卒一括採用と長期雇用、企業内定期異動、企業内教育訓練、定期昇給などの他の雇用管理制度とともに、「日本的雇用」の根幹を形成する。こうした「日本的雇用」が六〇年代に急速に広がり七〇年代に定着を見た背景として乾が指摘するのは、「高度成長＝企業拡大にともなう労働力需要の急激な増大と労働市場の過熱化は、労働力の確保競争を企業間に呼び起こし、各企業を流動化政策よりも定着化対策＝企業内囲い込みに走らせた」[*29]という要因である。何が何でも労働力を社内に確保しておかなければならないという強い要請が、社内における個々の職務よりも企業組織そのものへの労働者の帰属を重視する結果をもたらした、というのが乾の議論である。

さらに乾は、こうした「日本的雇用」が内包していた一元的かつ抽象的な「能力」観が、学校教育内部に浸透していった結果、学校の偏差値競争的な一元的序列化が生じたと論じている。

†「教育現実」→「労働力実態」という規定関係

乾の議論の特徴は、「労働力実態」→「教育現実」という規定関係、そして「労働力実態」の内実としては、労働力需要が増大する中での定着化対策を重視する点にある。このような規定関係および要因は確かに存在していたと考えられるが、それに加えてもうひとつの規定関係と要因を考慮に入れておく必要がある。それはすなわち、「教育現実」が逆に「労働力実態」を規定するという方向性であり、より具体的には、六〇年代における学歴構成の急変が、従来の学歴と職務との対応性に、急速な崩壊と混乱をもたらしたという事実である。

戦前から一九六〇年代初頭まで、日本の労働者の中では、生産現場で肉体労働に従事するブルーカラー職は初等教育卒、管理・技術・事務など知的労働に従事するホワイトカラー職は中等・高等教育卒が担うという、学歴と職務との対応が明確に成立していた。なお、ここで言う初等教育卒とは戦前であれば高等小学校までを意味し、戦後については新制中学校までを意味している。とくに、戦前の製造業に支配的であった「職工身分制度」においては、学歴と対応した職務間の境界がきわめて明確であり、そうした身分制度は戦後における企業内民主化運動を通じて急速に解体されながらも、[*30]六〇年頃までは学歴と職務との堅固な対応性自体は維持されていた。

表2-2は、一九六一年に刊行された文部省の調査報告書から、一九六〇年頃の時期における職種別の学歴構成を示している。労働者全体の五七%までを占めていた「その他の労務者」および七%を占める「熟練労務者」については、その九割以上を「初等教育卒業者」が担っている。表2-2は全産業計の値であるが、産業別に見ても「熟練労務者」お

	管理的職務従事者	事務従事者	技術者	研究的職務従事者	その他の専門的技術的職務従事者	技能者	熟練労務者	その他の労務者	販売従事者	その他の職務従事者	計
就業者中の比率	2.1	10.1	1.5	0.4	2.5	3.9	7.0	57.1	11.2	4.2	100.0
	100.0	100.0	100.0	100.0	100.0	100.0	100.0	100.0	100.0	100.0	100.0
初等教育卒業者	31.6	28.9	10.9	8.1	7.7	64.6	91.0	91.7	67.9	80.8	76.2
中等教育卒業者	32.6	55.7	53.8	39.1	16.7	32.7	8.8	8.0	29.0	17.8	18.1
高等教育卒業者	35.8	15.4	35.3	52.8	75.6	2.7	0.2	0.3	3.1	1.4	5.7

（注）初等教育卒業者には新制中学卒業者を含む。
（出所）文部省、1961、『職場の学歴の現在と将来――職場における学歴構成の調査報告第1部』30頁第11表aおよび31頁第11表bより作成

表2－2　1961年時点における各職種の学歴別構成

よび「その他の労務者」は軒並み九〇％前後が「初等教育卒業者」となっている（表は省略）。

なお、表中の「技能者」とは、「中等教育（農業、工業、水産課程系）卒業程度以上の科学知識と専門技術を有するもので、直接生産工程において独自に作業にたづさわり、あるいは技術者の補佐または、『熟練労務者』、『その他の労務者』の指導・監督に従事するもの」と報告書では定義されているが、その六五％を初等教育卒業者が占めていることについて、「初等教育卒業後実務・経験と修練を通じて中等教育卒業者と全く同等にその技能者としての職務を果たしているものが相当の部分を占めていることを物語る[*31]」という記述があり、「技能者」は本来、中等教育卒の職務とみなされていたことがわかる。また、「管理的職務

従事者」と「事務従事者」でも三〇%前後が「初等教育卒業者」であるが、産業別にみると、両職種とも農林漁業において「初等教育卒業者」の比率が高くなっており、農林漁業以外のいわゆる雇用労働者の中ではその比率は低い。

この表2-2からも、先述の、ブルーカラー=初等教育卒、ホワイトカラー=中等・高等教育卒という対応関係が、少なくとも一九六〇年頃までは明確であったことが読み取れる。そしてさらに、ホワイトカラー内部では、中等・高等教育において修了した課程の分野と職務内容との間に、かなりの合致が存在していた。たとえば一九五一年に文部省が刊行した『職場における学歴構成』報告書においては、高等教育卒の雇用者全体の中で、「専攻学科を生かしていないもの」の比率は一一・六%にとどまるという結果が示されている。[*32]

このように、初等教育卒/中等教育卒以上および中等教育卒以上の課程間という二重の区分がそれぞれの職務と連結するという状態が、一九六〇年代初めまでは成立し得ていた。しかし、一九六〇年代における高校進学率の急上昇は、初等教育卒、すなわち中卒の新規就職者の急激な減少をもたらした。

図2-3に示したように、新規中卒者の減少は、とくに一九六〇年代後半に顕著に起こ

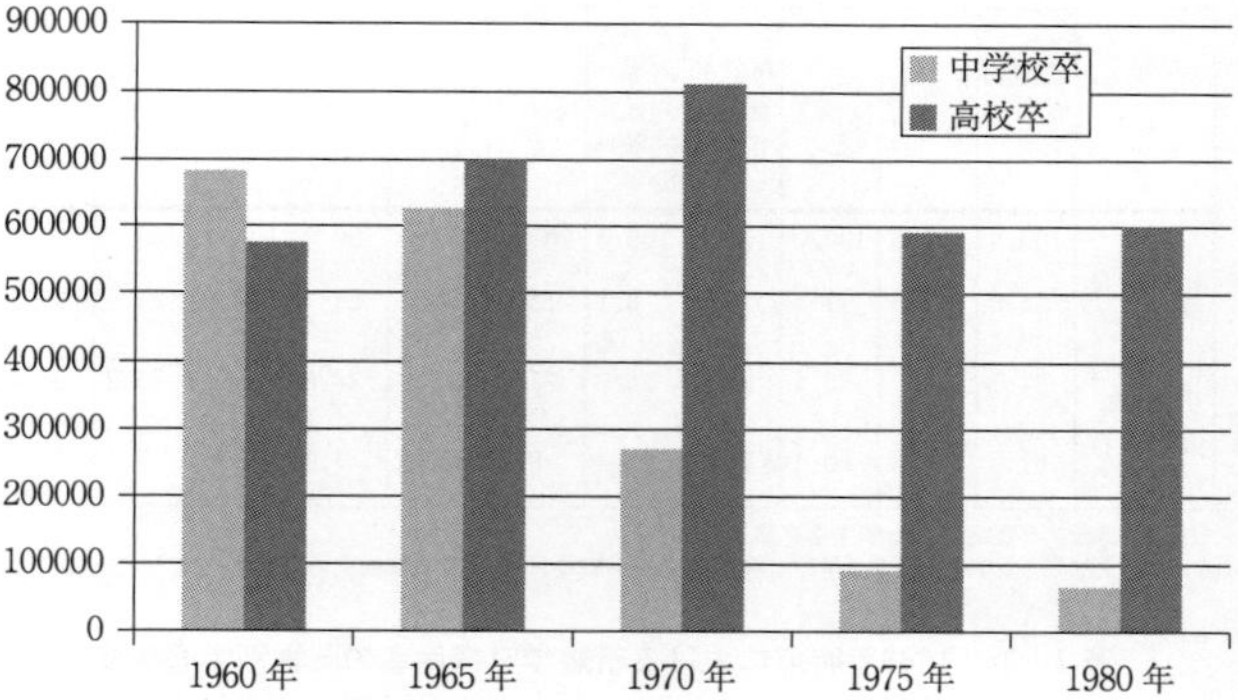

（注） 初等教育卒業者には新制中学卒業者を含む
（出所） 学校基本調査

図2－3 学歴別新規学卒就職者数の推移

っている。高度経済成長によって、生産現場を担うブルーカラー労働力需要そのものは拡大していたこの時期に、従来はその担い手であった中卒労働力の供給が激減するという事態は、それまでの学歴と職務との対応を崩壊・混乱させる結果を招いた。

具体的な現象として生じていたのは、新規高卒者のブルーカラー職への採用の増大である。表2-3は、文部省の報告書から、一九六八年時点における新規学卒採用者の職種別学歴構成を示している。先の表2-2がストックとしての全労働者に関するものであったのに対し、表2-3はフローとしての新規採用者に関するものであることに注意が必要である。

表2-3においては、新規学卒採用者全体の

	管理的職務従事者	事務従事者	技術者	研究的職務従事者	その他の専門的技術的職務従事者	技能者	熟練労務者	その他の労務者	販売従事者	その他の職務従事者	計
	100.0	100.0	100.0	100.0	100.0	100.0	100.0	100.0	100.0	100.0	100.0
初等教育卒業者	1.6	2.6	1.8	0.5	8.1	13.0	50.0	54.1	6.6	14.5	26.1
中等教育卒業者	37.1	76.2	38.1	26.6	26.5	77.1	47.0	44.8	73.8	76.2	58.0
高等教育卒業者	61.3	21.2	60.1	72.9	65.4	9.9	3.0	1.1	19.6	9.3	15.9

（注）初等教育卒業者には新制中学卒業者を含む
（出典）文部省、1971、『職場の学歴と職種構成——職場における学歴構成の調査報告書』、56頁第10表より作成

表2－3　1968年時点における新規学卒採用者の職種別学歴構成

中で「中等教育卒業者」すなわち高卒者の比率が五八％に達するとともに、「その他の労務者」および「熟練労務者」でも「中等教育卒業者」が半数近くに達している。先の表2-2ではこれらの職種において「初等教育卒」が大半であったことと比べると、大きな変化が生じていることがわかる。

従来はホワイトカラー職に就くはずであった高卒者が、従来は中卒者が就くはずであったブルーカラー職に大量に流入するようになったことは、高卒者の内部ではブルーカラーとホワイトカラーが混在し、ブルーカラー職場の内部では年長の中卒者と新規採用の高卒者が混在するという事態を必然的にもたらした。[*33]こうした混乱はさらに、高卒者内部、ブルーカラー職場内部に葛藤や不満をも呼び込むことになった。一九六九年に高校を卒業して製造現場で働くことになったある

女性は、次のような手記を残している。

高卒の女子は、事務員になる、又事務員であるのがあたりまえのような社会の中で、現業に携わることに抵抗を感じたのは、私の虚栄心からだろうか。『どこへお勤めしてはるの』『松下電器です』『事務員さん、そりゃいいですね』『いいえ、あのぅ…』。これは、近所の人と私との会話であるが、この続きがどうしても言えない。『いいえ、製造しています』ということの一言がどうしても言えない。[*34]

このような高卒者の葛藤や不満を緩和するためには、企業内部の職務の区分を曖昧にし、ホワイトカラー・ブルーカラー間の柔軟な異動をも可能にする必要があった。企業内での異動・昇格の可能性を提示することによって高卒者の不満を和らげることは、乾の指摘する定着化政策のためにも、いっそう必要だったのである。

すなわち、職能給制度を中心とし職務を明確化しない「日本的雇用」という「労働力実態」そのものが、高校進学率の急上昇と新規学卒者の学歴構成の急変という、「教育現実」を原因としていた面があると考えられるのだ。「教育現実」→「労働力実態」という規定関係は、乾が強調していた「労働力実態」→「教育現実」に勝るとも劣らぬ影響力をもっていたと考えられる。

日経連の調査によれば、一九六八年時点では「能力および職能給」制度を導入していた企業が三八％にすぎず、[*35]その本格的普及が七〇年代において生じるということを考慮すれば、時間的にはむしろ、「教育現実」→「労働力実態」という規定関係のほうが先行していたともいえる。

†「教育の職業的意義」が失われる二つの条件とその変化

とはいえ、乾が指摘する「日本的雇用」という「労働力実態」が、一九七〇年代以降の日本社会において「一元的能力主義」を全社会的に浸透させた結果、仕事の場においては職務というものの輪郭が、また教育の場においては「教育の職業的意義」が希薄化していったという指摘は、依然として重要である。石油危機後に、企業内での配置転換等により失業者を可能な限り抑制するという方向性が選択されたことは、「日本的雇用」をいっそう純化させるように働いた。

また、苅谷剛彦が指摘するような、戦後教育における「画一的平等化」への志向が、

「同一種類の教育、すなわち普通科高校を求める拡張運動」[*36]をもたらしていたという事情も、そこには流れ込んでいた。戦後の経済復興や社会の民主化・平等化が高校進学率を急速に押し上げたという「教育現実」が、労働力需要と企業内定着化の必要性の増大という現実と相まって、「日本的雇用」という「労働力実態」を生み出し、さらに続いて「労働力実態」が一元的能力主義の支配および職業的意義の喪失という「教育現実」を確立し、経済環境がそれをいっそう促進するといったように、教育と労働との循環的な相互規定関係が、政策的意図をも裏切る形で、六〇年代以降の日本社会を形作っていったのである。

この六〇年代から七〇年代にかけての時期には、教育学の内部においても、職業教育および職業そのものを否定し、人間の「全面発達」や普遍的教養の重要性を掲げる議論が主流となり、それは今日に至っている。寺田盛紀は、そのような議論の代表的論者であった勝田守一の論を引いた上で、それは「知的労働を認めても、特殊な技能労働や職人的労働（職業労働）を内に含まない職業教育論（否定論）」（三八頁）であったと総括している。[*37]そうした教育学の論調の動因となっていたのは、ソビエト教育学からの影響と、高校学科の極度の細分化を進めようとしていた教育政策への強い反発であった。当時の固有の文脈に端を発するそのような思潮が、「教育の職業的意義」自体の否定をもたらし、それが現代にまで長く尾を引く結果になっていることは、日本の教育と社会にとって不幸なことであった。

以上の考察から、戦後日本社会において「教育の職業的意義」の希薄化が生じた社会経済的条件として、次の二つを改めて定式化することができる。すなわち、第一に、若年層の学歴構成が急激に変化したこと（具体的には高卒進学率急増）。第二に、経済成長により労働力需要が持続的に高水準を維持しており、企業が内部労働市場に労働力を確保しておく必要性がきわめて高くなっていたこと。

日本の一九六〇年代においては、これら二つの条件が、典型的にかつ同時に成立していた。その結果成立した「日本的雇用」は、七〇年代の石油危機後の安定成長期においても、単に維持されるどころか、むしろ強化されてきた。そして、バブル経済期と急転直下の長期不況期、およびそこからの短い回復期を経て、日本は二〇〇八年秋の金融危機により、再び先の見えない不況期に突入した状況にある。

では、現在の日本社会において、先の二つの条件は、どのように変化したのか。

まず、第一の条件である、若年層の学歴構成の急変についてはどうか。これについては、図2-4に示すように、九〇年代には六〇年代よりも教育段階をひとつ上げる形で再び進

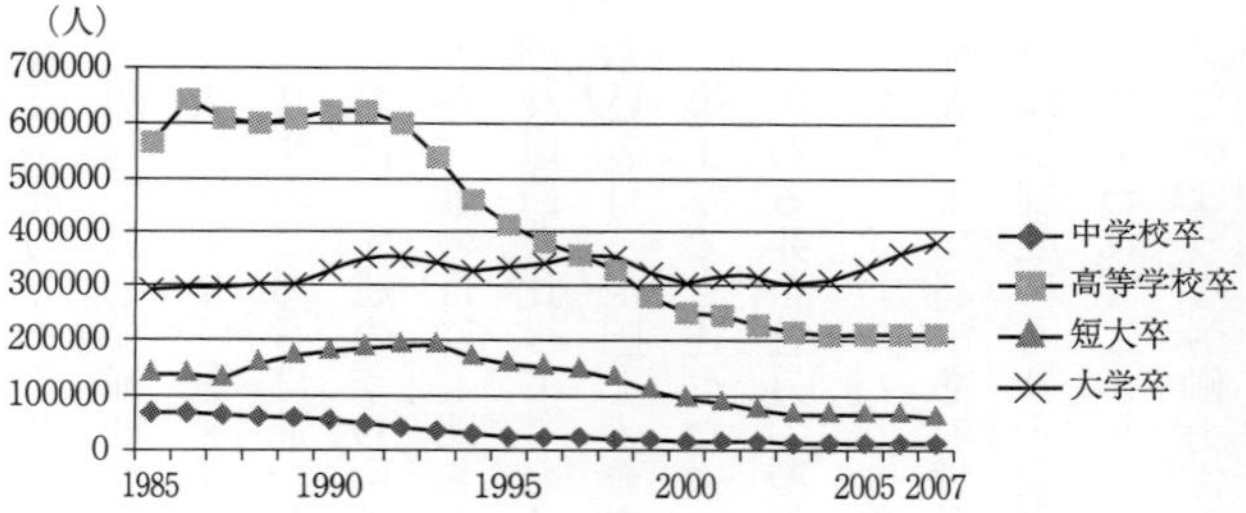

(出所) 学校基本調査

図2－4　学歴別新規学卒就職者数の推移(1985年以降)

行した。長期不況下の九〇年代において、大学進学率が上昇したことにより、新規高卒就職者は急減し、九七～九八年を境に、新規大卒就職者数のほうが上回るようになっている。ただし、二〇〇〇年代に入って新規高卒者の減少は一段落し、横ばいを続けるようになっている。

こうした九〇年代の学歴構成の変化を踏まえて将来を予測するとき、二通りのシナリオを描くことができる。そのひとつは、これ以上の高学歴化は進まないとみなすシナリオである。たとえば吉川徹は、すでに日本は「成熟学歴社会」段階に達しており、高学歴化の終焉を迎えていると主張している。[*38] 日本の高等教育の学費負担構造が現状のままであれば、吉川が示すようなシナリオも成り立つかもしれない。

しかし、小林雅之が指摘するように、高校生が大学に進学するか否かを規定している重要な要因は家計の教育費負担能力であるということが[39]、政策的に問題視されるようになり、大学の学費や生活費に関して公的な補助が拡充されるならば、大学進学率は現在よりもさらに上昇し、若年層の大半が大卒学歴を手にするというシナリオも現実化するかもしれない。これら二つのシナリオのどちらに進むかは、政策的選択にゆだねられている。

では、先述のうち第二の条件、すなわち経済成長とそれに伴う労働力需要に関してはどうか。誰の目にも明らかなのは、図2-5に示したように、九〇年代以降、経済成長率は、それ以前と比べてきわめて低水準になっているということである。とくに二〇〇八年の落ち込みは、他国での金融危機が及ぼす影響の大きさを印象づける。

第1章でも述べたように、九〇年代の長期不況下では、正社員の新規採用抑制と、それに代わる非正社員の増加が顕著に進んだ。その間には、年長の正社員のリストラも行われていた。グローバルな経済競争が激化する中で、すでに日本において高度経済成長と生産拡大および高水準の労働力需要が持続的に発生することは、ほぼ見込めなくなっている。職能給制度により企業内に労働力を確保しておく必要性は、日本企業にとって将来にわたって失われてしまっている。

このような労働力需要の変化は、必然的に、「日本的雇用」への問い直しをも喚起する

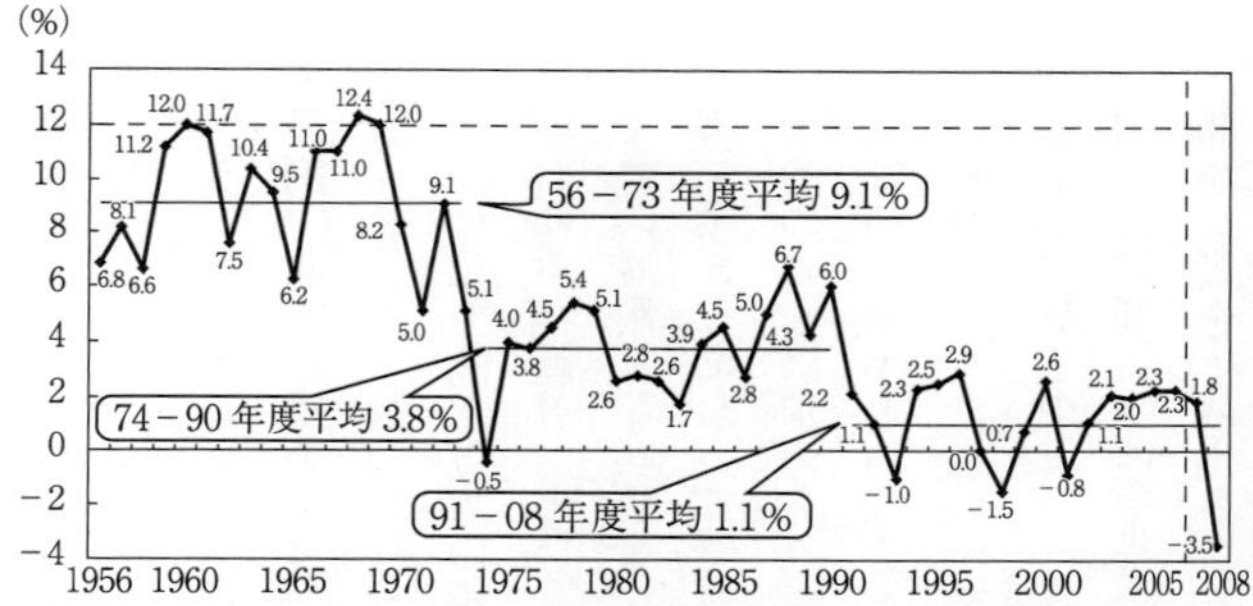

(注)　年度ベース。93SNAベース値がない80年以前は63SNAベース。95年度以降は連鎖方式推計。
平成21年1-3月期1次速報値＜平成21年5月20日公表＞。平均は各年度数値の単純平均。
(資料)　内閣府

図2－5　経済成長率の推移

ことになる。そうした問い直しの典型例の一つが、二〇〇八年五月に発表された経済同友会の提言『21世紀の働き方――「ワーク&ライフ　インテグレーション」を目指して』である。[*40]この提言では、「日本的雇用」を「20世紀日本型モデル」と呼び、バブル経済崩壊後、その行き詰まりが明らかになったとしている。しかしそれに対して、このモデルの基本構造（コンピュータのOSに相当する部分）をなす、「終身雇用」「年功序列」「企業内労働組合」といういわゆる「三種の神器」に手をつけないまま、アプリケーションソフトにあたる部分だけを手直ししようとしてきたために、ミスマッチや混乱が増すばかりであったと述べている。

このような認識のもとに、同提言では新たに「21世紀型モデル」の構築を提唱しており、この新モデルのOSに当たる「新・三種の神器」として、「職務に基づく個人と会社の契約（職務・役割主義）」、「流動化を前提に人を育て、人を活かす（新〝人財〟主義）」「多様な人材の多様な働き方を認める（多様性主義）」の三つを掲げている（図2-6）。[*41] このうち筆頭の「職務・役割主義」については、以下のような認識が示されている。やや長くなるが引用する。

「20世紀型働き方」の根底には、企業と人が、包括的・全人格的な労働契約を結ぶ、いわゆる「就社」という考え方があった。「就社」した人（主に男性正社員）は、定年までの雇用、年功賃金、手厚い福利厚生を保障されるが、その代わりに、その間の職務・働き方において、個人の希望は必ずしも尊重されず、会社都合を優先することを当然のように求められた。一方で、パート・アルバイト・派遣などの非正規雇用は、家計補助・小遣い稼ぎ・職業意欲の低い者と捉えられ、時間的自由度はあるが、待遇は正社員より低いのが当然視されてきた。こうした企業と個人の二極的な関係では、正社員のWLB（ワークライフバランス　引用者注）喪失、一律定年制、不況期での採用一斉抑制（氷河期世代の発生）、女性の非活用、非正規社員の増大と格差問題・貧困問題などを生み出さざるを得ず、新たな時代環境へ不適合となっている。

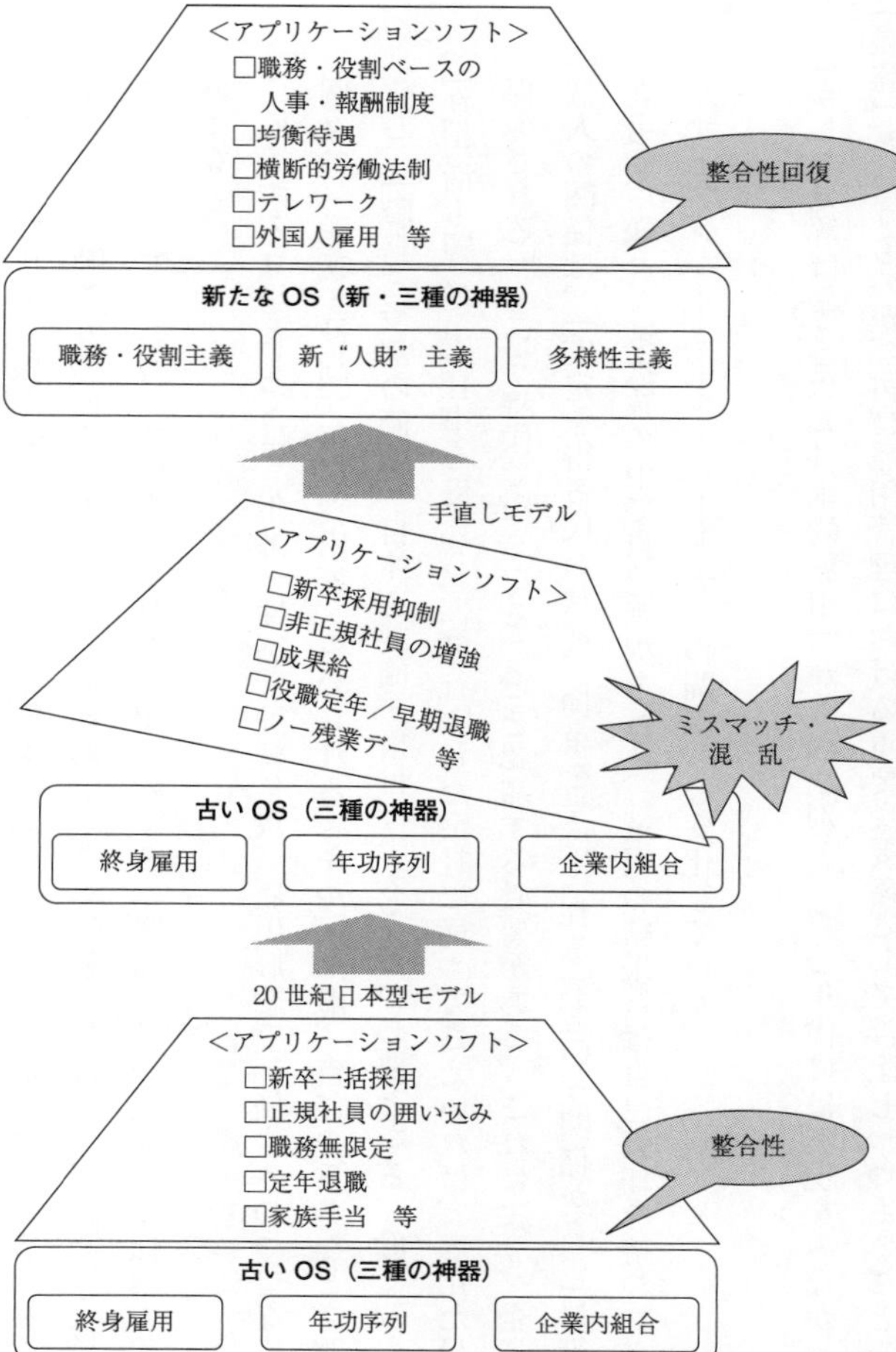

（出所）　経済同友会『21世紀の働き方――「ワーク＆ライフ　インテグレーション」を目指して』、27頁

図2－6　21世紀型「ワーク＆ライフ　インテグレーション」モデル

こうした状況を根本的に是正し、生産性を高めつつ、垣根が低く出入り容易なフレキシブルな働き方を可能にするには、職務無限定の「就社」ではなく、「職務・役割」(ミッション)に基づいて個人と会社が雇用契約する「職務・役割主義」に転換する以外にない。

雇用する立場としては、年齢・性別、勤続年数、雇用形態で評価するのではなく、個々の「職務・役割」毎に、内容、求められるスキル・知識、責任の重さなどを明確化し、「職務・役割の価値」自体を評価・格付けすることが必要となる。働く側も、「私生活も顧みず、仕事を優先し、「就社」した会社に従ってさえいれば、雇用だけは保障される」という時代でなくなることを認識する必要がある。これにより、企業と個人の関係は、「安定を得る代わりに、拘束を受け入れる」という関係から、「対等な立場で、様々な選択肢の中で自己選択を行い、選択の結果には自己責任を持つ」というオープンなイコール・パートナーの関係へと変化していく。[*42]

こうした見解はまさに、「日本的雇用」からの訣別と、六〇年代には実現をみなかった「職務」というものが、再び雇用管理における重要な要素として浮上しつつあることを物語っている。なお、本提言では「職務・役割」という表現を用いていることについて、提言内の注で「日本語の「職務」という語が、「タスク」即ち極めて狭い具体的作業等をイメージされやすいことから、本提言では、「仕事のミッション」の意を表すため、「職務・役割」という表現を使っている」と説明されている。すなわちここで言われている「職務・役割」とは、一定の幅や広がりをもちつつ輪郭の明確な「ミッション」を意味している。

この経済同友会提言が出された数カ月後に発生した金融危機と世界長期不況は、日本でも著しい雇用不安を生み出した。そうした状況下では、雇用の安定化が最優先課題とみなされるようになったため、この提言のような社会のOSの改革よりもむしろ、旧来型の「日本的雇用」が称揚される風潮が見える。若者の意識調査においても、長期雇用や年功序列に対する支持はかつてなく高まっている。しかし、いくら称揚され支持されようとも、「日本的雇用」の大幅な復活は不可能であろう。それならばやはり、「日本的雇用」が席捲していた数十年間から訣別し、働き方と教育との関係を組み換えてゆくという課題を、避けて通ることはできないはずだ。

†現代における「教育の職業的意義」の必要性の再浮上

以上のようにみてくると、戦後日本社会において「教育の職業的意義」の喪失を招いた二つの条件のうち、少なくとも一つは、現在では大きく様変わりを見せているということがわかる。その場合、もう一つの学歴分布という条件が固定化するにせよ、あるいは大卒者の拡大という形で変化するにせよ、労働力需要が低水準で維持されるような状況下では、「教育の職業的意義」の回復が再び必要になると考えられる。

すでに「日本的雇用」は企業にとっても負担となり、また第1章で見たように、正社員の「ジョブなきメンバーシップ」と非正社員の「メンバーシップなきジョブ」という両極端な世界の併存は、正社員・非正社員のいずれにとっても過酷な状況をもたらすものでしかなくなっている。同時に、経済競争が激化する中で、高付加価値のモノやサービスの生産が求められつつあり、「人財」へのニーズも高まっている。それならば、六〇年代においては二つの条件が特殊な噛み合い方をしていたことによって頓挫した、職務に即した雇用管理と「教育の職業的意義」の向上という選択肢が、あらためて真剣に検討される価値があるはずだ。

仮に学歴分布が固定されると想定すれば、学歴構成の中で相対的に下位に位置することになる高卒者や高卒未満の者が、労働市場の中で酷い扱われ方をすることを防ぐために、教育において職業的な準備・装備を与えた上で社会に送り出し、またその後も継続的に職業能力や教育歴を向上させる機会を拡充する必要が生まれる。

逆に、大学進学率が上昇して若年の大半が大卒者となるような状況を想定するならば、大量化した大卒者が卒業大学の威信などによってのみ労働市場内での地位に配分されることを防ぐため、大学教育において分野別の「職業的意義」が追求される必要性が増大する。それゆえ、学歴構成に関していずれのシナリオが現実化するかを問わず、「教育の職業的意義」の重要性は高まる。

ただしその際、近代化以降の日本社会にとって、従来の「教育の職業的意義」が、あくまで経済や産業に人々を〈適応〉させるという側面のみを強調するものであったことを、苦い反省点として銘記しておく必要がある。とくに、世界的な経済環境の変化により、経済成長が困難かつ不安定になった現状のもとでは、かつてと比べて労使間のパワーバランスは崩れ、労働者は厳しい労働条件のもとに追い込まれる危険性がいっそう高まっている。

それに対処するためには、働かせる側の暴走に法によるブレーキをかけることに加えて、働く者に〈抵抗〉のための備えを与えることが必要である。それゆえ現代の「教育の職業的意義」には、〈抵抗〉という側面をも含みこませることが不可欠なのだ。

またもうひとつの必須条件は、単に「教育の職業的意義」を高めるのみならず、それを尊重し、適正な評価と処遇を与えるように、労働市場のほうを組み替えてゆくということである。高技能の労働者を、その技能に適合的な職場に配置し、高い生産性をあげてゆくという、いわゆる「ハイ・ロード」戦略のほうが、無技能・低技能の労働者を低賃金や長時間労働で使い捨てる「ロー・ロード」戦略よりも、当該企業と社会全体の存続にとって、はるかに有効であるという認識を、企業社会に広げてゆく必要がある。

本章の冒頭で述べたように、長期的なタイムスパンで見れば、六〇年代以降の数十年間のほうが、むしろ日本社会における「教育の職業的意義」にとって特異な状態であった。その特異性の破綻は気づかれつつあるものの、いまだ特異な時期の成功体験が多くの人々の想念を支配している面が大きい。しかし、「日本的雇用」を成立せしめていた条件はすでに変化した。今、特異な時期へのノスタルジーを超えて、何がほんとうに必要なのかを認識し、構想し、実現してゆくことが求められている。

註

＊8　メアリー・C・ブリントン著、池村千秋訳『失われた場を探して――ロストジェネレーションの社会学』NTT出版、二〇〇八年

＊9　永井道雄『近代化と教育』東京大学出版会、一九六九年

＊10　宮地誠哉・倉内史郎編『講座　現代技術と教育4　職業教育』開隆堂、一九七五年、五〇頁

＊11　宮地ら前掲書、五一頁

＊12　天野郁夫『学歴の社会史――教育と日本の近代』新潮社、一九九二年、一六二頁

＊13　田中萬年『教育と学校をめぐる三大誤解』学文社、二〇〇六年、二五-二六頁および同『生きること・働くこと・学ぶこと――「教育」の再検討』技術と人間、二〇〇二年、一四-一六頁

＊14　天野前掲書

＊15　橋野知子「染織学校から工業学校へ――学校機能の変容と地域産業」望田幸男・広田照幸編『実業

世界の教育社会史』昭和堂、二〇〇四年
＊16　宮地ら前掲書、四八-四九頁
＊17　西本勝美「企業社会の成立と教育の競争構造」渡辺治編『日本の時代史27　高度成長と企業社会』吉川弘文館、二〇〇四年、一五八頁
＊18　宮地ら前掲書、五五頁
＊19　飯田浩之「新制高等学校の理念と実際」門脇厚司・飯田浩之編『高等学校の社会史――新制高校の〈予期せぬ帰結〉』東信堂、一九九二年、一七-一八頁
＊20　田中前掲『生きること・働くこと・学ぶこと』、一八九頁
＊21　門脇ら前掲書、三七頁
＊22　門脇ら前掲書、三八-三九頁
＊23　宮地ら前掲書、七五頁
＊24　門脇ら前掲書、五八頁
＊25　乾彰夫『日本の教育と企業社会――一元的能力主義と現代の教育＝社会構造』大月書店、一九九〇年、一三頁
＊26　乾前掲書、六二-六三頁
＊27　乾前掲書、一〇一頁
＊28　乾前掲書、一三一-一三五頁
＊29　乾前掲書、一一八頁
＊30　南雲智映・梅崎修「職員・工員身分差の撤廃に至る交渉過程」『日本労働研究雑誌』No.562、労働

政策研究・研修機構、二〇〇七年

＊31　文部省『職場の学歴の現在と将来——職場における学歴構成の調査報告書第1部』、一九六一年、三七頁

＊32　この報告書では、調査において『「専攻学科を生かしていないもの」』の判定にあたっては、高等教育卒業者としての一般的素養とか、職場における経験や実習によって修得した技術などは一切考慮外とし、一定の基準に該当する者以外はすべて『専攻学科を生かしていないもの』とした」（六頁）という記載があり、その「一定の基準」とは「(イ) 会社、事業体を主宰、経営するもの、(ロ) 専攻学科に関係ある専門的または技術的職業に従事するもの、(ハ) 会社、事業体において、将来その幹部となることを予想して実習見習い中のもの、(ニ) 特定学科の例外、という四つの要素からなる。また、「客観的なボーダーラインをどこに引くかはきわめて困難であったが、結局上述のような基準を作成した」（六頁）との記述もみられる。このような調査が実施されていたこと自体が、「専攻学科を生かす」ことへの当時の関心の強さを示している。

＊33　本田由紀『若者と仕事——「学校経由の就職」を超えて』東京大学出版会、二〇〇五年

＊34　労働省婦人青年局「働く青少年の生活文」よりの引用。本田前掲書、六五頁

＊35　乾前掲書、七九頁

＊36　苅谷剛彦『大衆教育社会のゆくえ——学歴主義と平等神話の戦後史』中公新書、一九九五年、一八九-一九〇頁

＊37　寺田盛紀『日本の職業教育——比較と移行の視点に基づく職業教育学』晃洋書房、二〇〇九年

＊38　吉川徹『学歴と格差・不平等——成熟する日本型学歴社会』東京大学出版会、二〇〇六年

*39 小林雅之『進学格差――深刻化する教育費負担』ちくま新書、二〇〇八年
*40 http://www.doyukai.or.jp/policyproposals/articles/2008/pdf/080509b.pdf
*41 前掲経済同友会提言、二七頁
*42 前掲経済同友会提言、一七頁

第3章

国際的に見た日本の「教育の職業的意義」の特異性

†他国と比べて顕著に低い日本の「教育の職業的意義」

第2章では、日本社会の時間的な流れの中に、「教育の職業的意義」の盛衰とその背景を位置づけた。続く本章では、他の社会との比較により、日本社会の「教育の職業的意義」の特異なまでの低さを確認することを目的とする。

まずは図3-1を見ていただきたい。これは、一九九八年に内閣府が実施した「第6回世界青年意識調査」において、すでに教育機関を卒業した一八〜二四歳の若者が、最後に経験した教育機関について「職業的技能の習得」という点で意義があったと答えた比率を、最終学歴別に示したものである。一見して明らかなように、後期中等教育（日本では高校に相当）、中等後教育（高校よりも上の学校教育段階）のいずれについても、日本における上記の比率は、図中に示されている諸国の中で最下位である。

この図からもわかるように、日本の教育機関における「教育の職業的意義」は、国際的に見てもきわめて低い。日本の学校や大学は、仕事の世界に向けて若者を準備させるという重要な機能が、他国と比べて明らかに弱体なのである。

これと同様の結果は、図3-1の「世界青年意識調査」だけでなく、数多くの国際比較

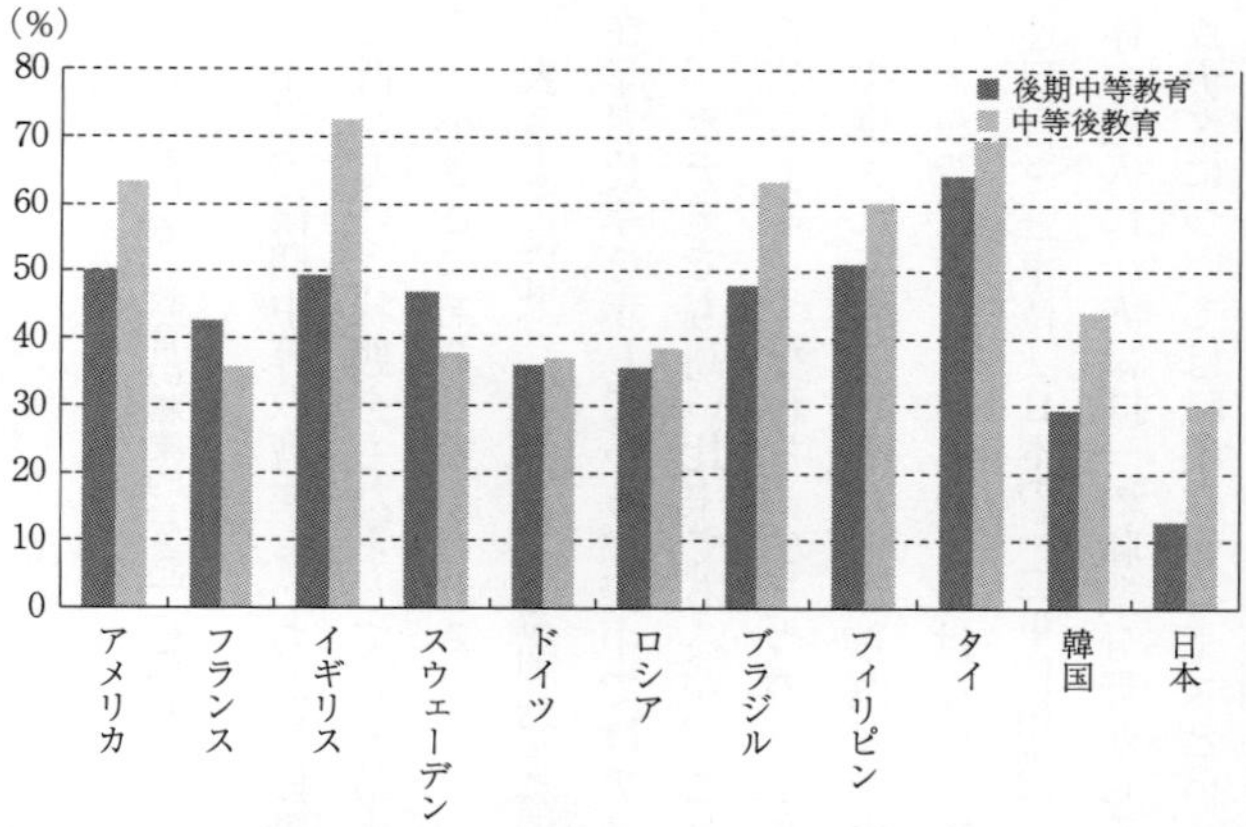

（出所）　内閣府「第6回世界青年意識調査」, 1998年

図3－1　学校教育の意義として「職業的技能の習得」を挙げた比率

調査において、ほぼ必ず確認される。以下ではそうした調査結果を示すとともに、それをもたらしている要因を教育段階別に検討し、言わば「世界標準」から取り残されつつある日本の「教育の職業的意義」について、人々の問題意識を喚起することを試みたい。

なお、本章では「教育の職業的意義」に関するさまざまなデータを参照してゆくが、それらにおいて「教育の職業的意義」は主に〈適応〉の側面で捉えられていることが多い。それゆえそうしたデータに依拠する本章の議論は、〈抵抗〉よりも〈適応〉という意味での「職業的意義」に傾斜せざるをえないことを、あらかじめお断りしておく。

†高校における「教育の職業的意義」の低さ

まず、後期中等教育すなわち高校段階について、日本の「教育の職業的意義」がきわめて低いという状態をもたらしている最大の要因は、前章でも論じた高校専門学科の量的比重の小ささにあると考えられる。

表3-1には、OECD加盟国およびパートナー諸国の後期中等教育におけるコース別在学者比率を示している。表中ではアメリカの普通教育コース比率が一〇〇%となっており、カナダでも高い比率であるが、これは北米の後期中等教育機関の多くが総合制であることによる。すなわち、ひとつのハイスクールの中で普通教育科目と職業教育科目が幅広く提供されており、その中から個々の生徒が選択するしくみになっているため、明確なコースが設置されているわけではない。アメリカにおいては、ハイスクール在学中に職業関連科目を三単位（日本の一二単位相当）以上取得した者の比率は四〇%台であり、また全体の四人に一人は同一の職業分野から三単位以上を取得している。[*43] それゆえ、アメリカとカナダについては職業教育コースという形態ではないが、幅広い生徒が職業教育を経験し

(%)

	普通教育コース (1)	職業準備コース (2)	職業教育コース (3)	職業教育コースのうち企業実習との組み合わせによるもの
OECD 加盟国				
オーストラリア	38.4	a	61.6	m
オーストリア	22.1	6.2	71.8	33.0
ベルギー	30.6	a	69.4	3.5
カナダ	94.6	x(3)	5.4	a
チェコ共和国	20.7	0.1	79.2	34.8
デンマーク	52.2	a	47.8	47.6
フィンランド	34.6	a	65.4	10.9
フランス	56.9	a	43.1	11.6
ドイツ	40.6	a	59.4	44.2
ギリシア	66.1	a	33.9	5.1
ハンガリー	76.3	10.7	12.9	12.9
アイスランド	63.3	1.5	35.2	16.7
アイルランド	66.6	31.0	2.4	2.4
イタリア	39.5	35.6	24.9	a
日本	75.4	0.9	23.7	a
韓国	72.2	a	27.8	a
ルクセンブルク	37.1	a	62.9	13.8
メキシコ	90.2	a	9.8	m
オランダ	32.5	a	67.5	18.3
ニュージーランド	m	m	m	m
ノルウェー	40.0	a	60.0	13.9
ポーランド	56.0	a	44.0	6.3
ポルトガル	68.5	19.4	11.6	m
スロヴァキア共和国	26.3	a	73.7	30.9
スペイン	57.5	n	42.5	2.2
スウェーデン	44.9	0.9	54.2	n
スイス	35.8	n	64.2	57.8
トルコ	63.7	a	36.3	n
イギリス	58.3	x(3)	41.7	m
アメリカ	100.0	x(1)	x(1)	x(1)
OECD 平均	**53.8**	**4.1**	**44.0**	**15.2**
EU19カ国平均	**46.7**	**5.8**	**47.8**	**16.3**
パートナー諸国				
ブラジル	93.5	a	6.5	a
チリ	64.5	a	35.5	a
エストニア	69.1	a	30.9	30.9
イスラエル	65.6	a	34.4	4.2
ロシア	55.7	14.4	29.9	m
スロヴェニア	33.8	n	66.2	5.4

a：非該当　x：他のコース（( )内の数値の列）に含まれる　m：データなし　n：きわめて少数
（出所）Education at a glance 2008, OECD (www.oecd.org/edu/eag2008).

表 3－1　後期中等教育のコース別在学者比率（2006年）

ていることに注意が必要である。

ＯＥＣＤ加盟国全体の平均で見れば、普通教育コース在学者比率は後期中等教育在学者の半数強、ＥＵ一九カ国平均では半数弱であるのに対し、日本では普通教育コース在学者が75％に達している。逆に言えば、他国では平均してほぼ半数の生徒が職業に関連するコースで学んでいるのに対し、日本では四分の一に留まる。表3-1の中で、アメリカ・カナダ以外で普通コース在学者比率が七〇％を超えている国は、メキシコ、日本、ハンガリー、韓国の四カ国のみである。

表3-1の普通教育コース在学者比率を縦軸にとり、各国の国民一人当たりＧＤＰ（ＯＥＣＤ平均を100とした相対値）を横軸にとって、各国の散布図を描いた結果が図3-2である（アメリカ・カナダを除く）[*44]。図に示されているとおり、国民一人当たりＧＤＰがＯＥＣＤ平均を超えている経済的先進国の中で、日本は普通教育コース在学者比率が最も高い。

普通教育コース在学者比率が日本と同様に高いメキシコ、ハンガリー、韓国は、いずれも経済的な発展の度合いが先進諸国の水準には達していない国々である。とくにメキシコでは、後期中等教育修了者が同年齢集団に占める比率は約四割にすぎず、後期中等教育の

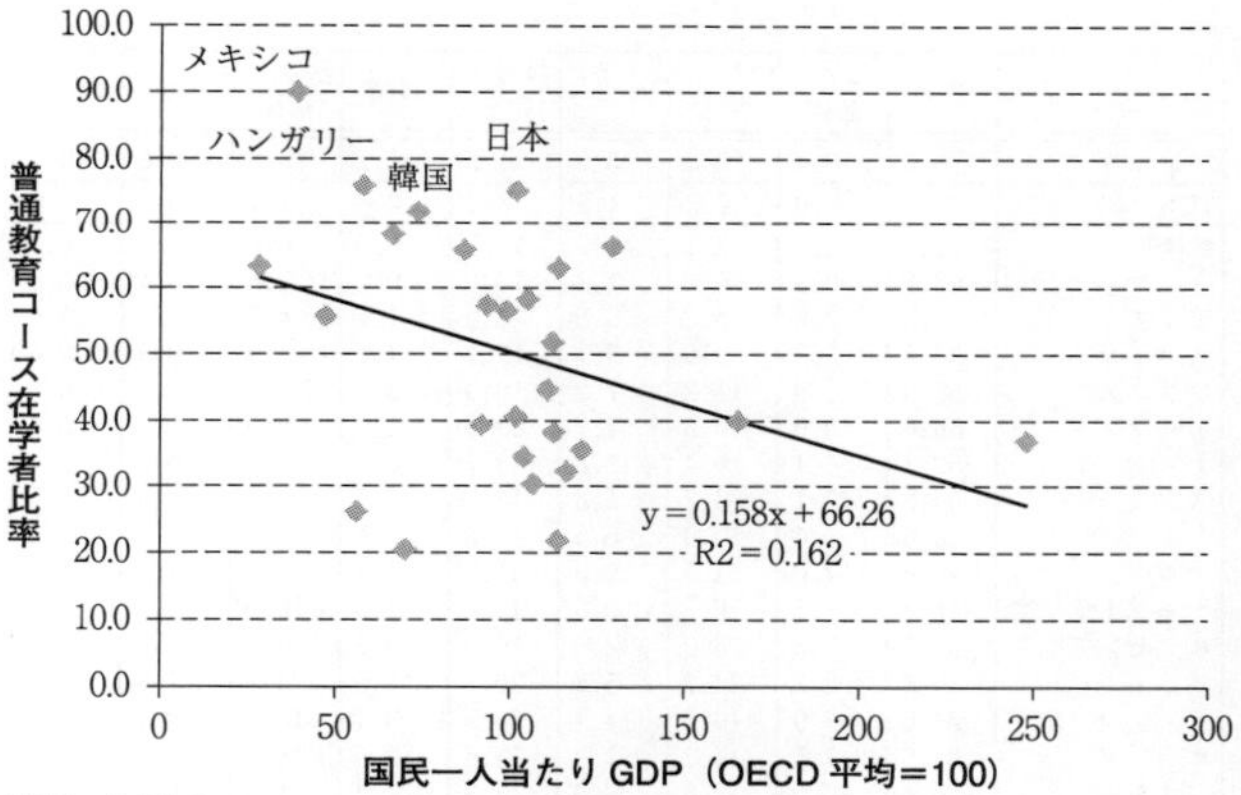

（出所） 著者作成

図3－2 OECD 諸国における国民一人あたり GDP と後期中等教育における普通教育コース在学者比率（2006年）

拡大自体が遅れている。図中の回帰直線が右下がりであることは、総じて経済的発展段階が高い国ほど後期中等教育における普通教育コース在学者比率が低い傾向があることを意味している。

もっとも、回帰直線からの各国の乖離がかなり大きいため、各国の普通教育コース在学者比率は経済的発展水準によって説明しきれるわけではなく、それぞれの社会がたどってきた固有の履歴や経済以外のさまざまな政治的・文化的諸要因を反映しているものと考えられる。しかしそれでも、国際的に見たときの日本の位置づけの特異性を、図3-2は明らかに示している。

また表3-2は、データが入手可能な国

(%)

	普通	人文・芸術	ビジネス・法律	サービス	技術・建築	農業	医療・福祉	情報	その他
ハンガリー	76.3	0.4	3.3	5.9	11.6	1.1	0.8	0.6	0.1
日本	75.4	0.0	7.3	1.8	8.7	2.8	1.1	0.0	2.8
韓国	72.2	5.7	3.1	1.0	14.1	0.5	0.1	3.1	0.2
トルコ	63.7	0.8	6.6	1.2	13.9	0.0	3.8	3.4	6.5
アイスランド	63.3	3.6	6.3	5.6	13.8	1.1	4.7	0.5	1.0
スペイン	57.5	7.2	9.6	5.1	13.1	1.2	5.4	0.9	0.0
フランス	56.9	0.9	11.2	7.2	16.3	2.0	5.5	0.0	0.0
ポーランド	56.0	0.6	10.6	7.7	23.4	1.6	0.0	0.0	0.1
デンマーク	52.2	6.1	10.4	2.1	8.7	0.9	7.0	0.0	12.7
スウェーデン	44.9	13.1	3.2	5.8	18.8	3.1	6.3	0.0	4.7
ドイツ	40.6	1.4	17.0	6.5	16.8	1.4	6.4	1.8	8.1
ノルウェー	40.0	1.0	4.0	9.0	25.3	1.8	17.4	1.6	0.0
オーストラリア	38.4	2.5	16.9	9.5	14.8	2.5	10.9	1.1	3.4
ルクセンブルク	37.1	1.6	26.2	2.8	19.5	2.2	4.2	1.3	5.2
スイス	35.8	2.2	24.2	5.8	20.7	2.5	4.1	1.8	2.9
フィンランド	34.6	3.9	10.6	14.1	20.1	3.4	10.7	2.4	0.1
オランダ	32.5	1.5	14.2	11.9	13.8	2.6	18.0	3.2	2.1
ベルギー	30.6	10.5	12.0	8.3	13.7	1.2	11.5	0.8	11.5
スロヴァキア	26.3	2.4	17.4	16.0	28.0	2.8	3.2	3.2	0.7

（出所）Education at a glance 2008, OECD（www.oecd.org/edu/eag2008).

表３－２　後期中等教育の専門領域別在学者比率（2006年）

に関して、後期中等教育の職業教育コース内部の専門領域別在学者比率を示したものである。日本では職業教育コース全体の在学者比率が小さいため当然の結果ではあるが、日本はいずれの専門領域に関しても他国と比較して比率が小さい。

たとえば日本の商業科に相当する「ビジネス・法律」に関しては、二〇％前後に達している国も多いのに対して、日本では七％に留まる。日本の工業科に相当する「技術・建築」についても、十数％～二〇％を占める国が大半であるが、日本では八％にすぎない。同様に「サービス」や「医療・福祉」に関しても、日本のそれぞれ一％という水準の数倍から一〇倍以上の比率を占める国が多い。

†高校段階における学科別の「職業的意義」

このように、職業に関連するさまざまな専門領域別の教育の量的比重が小さいことが、日本の高校段階の「教育の職業的意義」を、世界の中でも低い水準に押しとどめている。そのことは、日本の国内で見たときに、高校の普通科と比較して専門学科は明確に高い「職業的意義」を持ち得ていることからも裏づけられる。

高校を最終学歴とし就労経験をもつ成人を対象として筆者が行った分析においても、普通科出身であることは、高校教育に対する主観的な「職業的意義」に対して統計的に有意なマイナスの固有効果をもち、逆に工業科や商業科など専門学科を卒業していることは、プラスの効果をもっていた。[*45] さらに、より幅広い最終学歴を含む調査サンプルについて、主観的な「職業的意義」の水準の平均値を比較した結果においても、高校専門学科の「職業的意義」は、高校普通科のみならず大学の「職業的意義」の平均値をも上回っている。[*46]

図3-3には、高校卒業後二年目時点で就労している若者が、高校教育をどのように評価しているかを、性別・出身学科別に示した。[*47] この図からも、普通科に比べて専門学科に

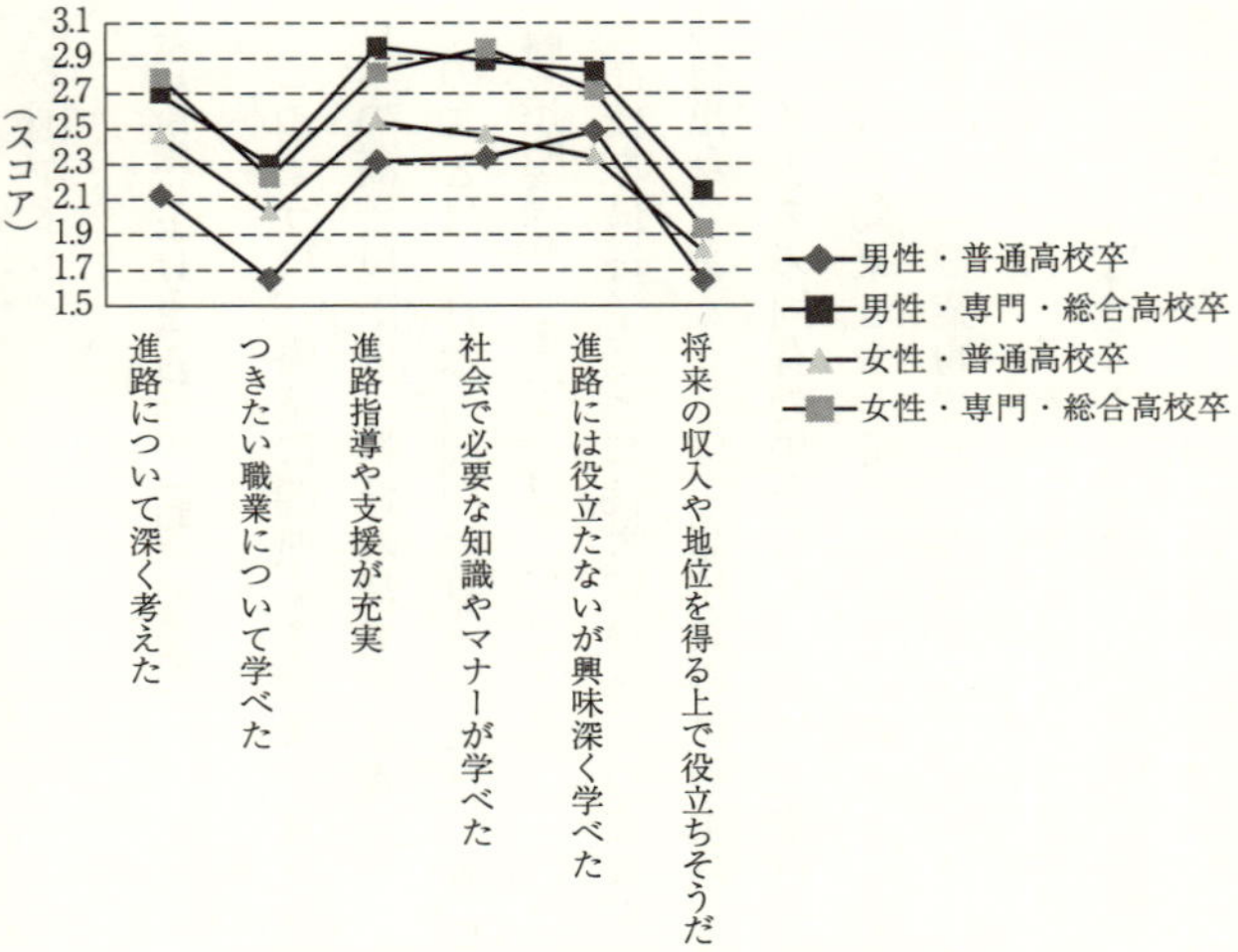

図３－３　性別・高校学科別　高校教育への評価

対する主観的な「職業的意義」の高さが確認される。逆に言えば、高校生の大半を擁している普通科は、若者を仕事の世界に向けて備えさせる機能を、まったくと言っていいほど欠いている。

普通科卒業者の就職率が一割を切るようになっている現在、普通科が「職業的意義」をもたないことは当然であり、問題はないとする見方もあるかもしれない。しかし、普通科在学者全体の人口規模が大きいため、普通科を卒業後に上位の教育段階に進学しない者[*48]は毎年一二万人以上に及ぶ。彼らが「職業的意義」ある教育を何ら経験しないままに社会に出てゆくことの問題性について、あらためて認識される必要があるだろう。
筆者による分析結果でも、高校普通科卒の就労者の中では非正社員比率が高いだけでなく、正社員となった者は長時間労働に巻き込まれる比率が高く、逆に非正社員となった者は労働密度や就労意識が希薄である。すなわち、普通科卒業者は、現在の若年労働市場における正社員・非正社員の両極化の問題をまさに体現したような働き方をしている度合いが、専門学科卒業者と比べて明らかに大きい。この結果は、高校普通科卒業者の仕事面での無防備さをはっきりと物語っている。[*49]
さらに、普通科が大半を占める高校教育が、「職業的意義」のみならず、「教育の意義」全般を欠いていることを示唆するデータは数多くある。
Benesse 教育研究開発センターが二〇〇四年に実施した「第1回子ども生活実態基本調査報告書」によれば、「どうしてこんなことを勉強しなければいけないのかと思う」比率は、小学四年時には二七%にすぎないものが学年が上がるに従って上昇し、高校一年時には六一%に達している。[*50]
また、国際比較でみても、普通教育に属する「科学」という学習内容を、自分自身や将来の勉強、仕事などに役立つと感じている一五歳層（日本の調査サンプルは高校一年時）の

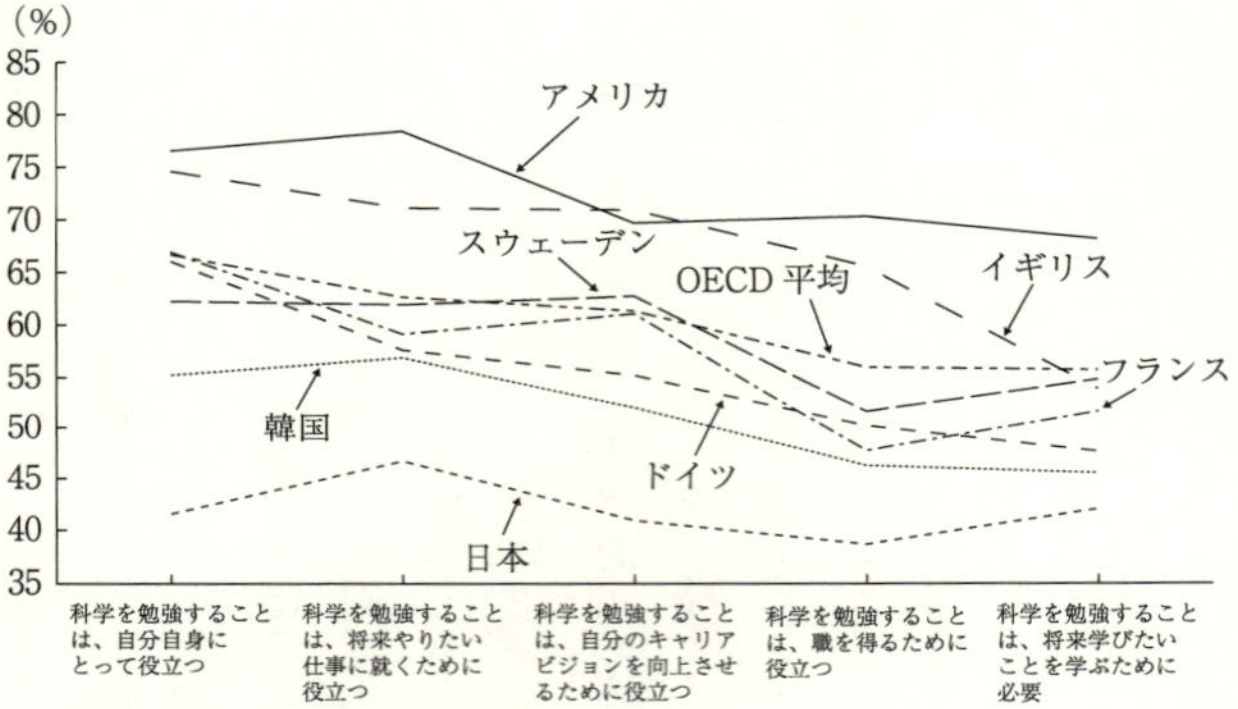

資料出所　OECD「PISA2006」
（注）　数値は、各項目に対して「とてもそう思う」「そう思う」を合計した割合
（出典）　厚生労働省『平成20年版労働経済白書』

図３－４　学習と仕事を関連づけて考える者の割合

比率は、他の諸国と比べて著しく低い（図3-4）。

教育内容の実質的な「意義」ではなく、学業成績が進学のための選抜基準とされているということのみが学習の動機づけになっているような日本の教育、とくに高校教育の問題は、過去から繰り返し指摘されてきたことではある。しかし、その問題が依然として解決されておらず、また大学の入学者選抜が、一部の選抜度の高い大学を除いて弛緩しつつあることにより、従来の学習動機すら弱体化している現在、「職業的意義」を含む高校教育の「意義」全般について根底的な再検討が必要とされている。

†日星の高校教育の違い

ただし、日本国内で見れば、高校専門学科は普通科に比べて高い「教育の職業的意義」をもっているとはいえ、専門学科に課題がないわけではむろんない。この点に関しては、日本とシンガポールの高校教育を比較したシムの研究が参考になる。[51]

シムの調査結果の一部を示した表3−3[52]によれば、高校での学習に関して「学校の授業のなかで、仕事についたときに、すぐに役に立つ知識や技術を身につけている」という項目に「とてもあてはまる・まああてはまる」と答えた生徒の比率は、進学準備に特化した教育を行っている日本の普通科上位校では八%、進路

（「とてもあてはまる・まああてはまる」と答えた生徒の比率）（%）

	日本			シンガポール	
	普通科上位	普通科下位	専門学科	上位ジュニアカレッジ	ITE
授業はおもしろい	49.6	39.9	37.1	49.3	79.0
自分で考えたり、調べたり、問題を解決する授業が多い	36.4	27.4	38.4	89.9	92.0
学校の授業のなかで、仕事についたときに、すぐに役に立つ知識や技術を身につけている	8.4	31.6	49.1	34.9	91.9
先生は勉強やテストが重要だと強調している	86.3	57.4	53.9	94.8	86.7
先生はわたしがよい成績をとることを期待している	49.1	26.3	27.1	83.9	76.8
先生は学問的にとても優れている	85.3	47.5	49.1	88.4	85.7
先生は、勉強以外のほかの面で、わたしのことを気にかけてくれる	45.8	54.7	54.1	66.1	71.9

（注）無回答は除く。
（出所）シム・チュン・キャット『シンガポールの教育とメリトクラシーに関する比較社会学的研究』東洋館出版社、2009年

表3－3　日本とシンガポールの高校生による学校での学習への評価

が多様化している普通科下位校では三二％であるのに対し、専門学科では四九％と、やはり専門学科のほうが普通科よりも明らかに高い。同じ項目について、シンガポールにおける普通科上位校に当たるジュニアカレッジの生徒が肯定する比率は三五％と、日本の専門学科を下回っている。ところが、シンガポールの職業高校に当たるＩＴＥ（Institute of Technical Education 技術教育校）の生徒は、九二％までがこの項目に対して肯定しているのである。

また、表3-3における他の項目をみても、シンガポールのＩＴＥの生徒が、学校での学習を肯定的に評価する比率はきわめて高い。この知見は、シンガポールのＩＴＥとは中学校において学業成績が下位であった者が入学してくる学校であるという事実に照らせば、いっそう印象的である。

シムによれば、ＩＴＥでは教育内容の編成に関して企業との連携が密であり、かつ技術変化に即して不断の改訂が行われている。教師には実務経験者が採用され、採用後も定期的に企業に長期派遣されて知識と技術を更新する体制が整っている。さらに、ＩＴＥですぐれた教育達成をあげた生徒は、上位の教育段階に優先的に進学することができる。こうしたさまざまなしくみが、ＩＴＥを「敗者復活トンネル」として機能させている、とシム

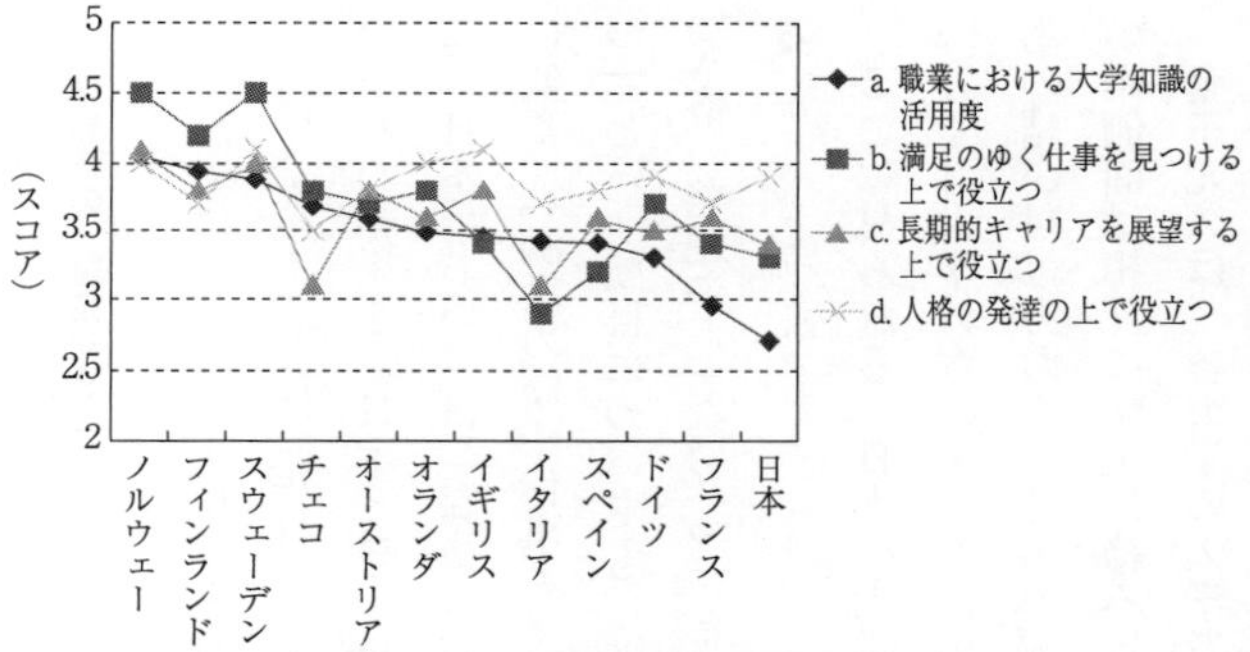

（出所）　吉本圭一「大学教育と職業への移行」『高等教育研究』No.4,2001
日本労働研究機構『日欧の大学と職業』調査研究報告書No.143,2001

図3－5　大学教育の「職業的意義」の国際比較

は指摘している。

それに対して、日本の高校教育は、専門学科を含めて全体として不活発であり、とくに高校の階層構造の中で下位に位置づく高校の生徒は、「レフトアウト」（置き去り）にされてしまっている、とシムは述べる。

むろん、日本とシンガポールは国土の広さや人口規模、政治・経済の構造が異なっており、シンガポールのような高校教育をそのまま日本に輸入可能であると考えることはできない。シム自身、ＩＴＥのカリキュラムにおいて専門科目があまりに高い比重を占めており、普通科目が少なすぎることを課題として指摘している。[*53] しかしそれでも、シムによる鮮やかな両国の対比から、日本が反省的に学ぶべき点は数多い。

†大学教育の「職業的意義」の低さ

それでは、高校の上位の教育段階である大学の「職業的意義」についてはどうか。図3-5は、大学卒業後三年目の者を対象に、四つの観点から大学教育に対する主観的評価をたずねた結果を、日本とヨーロッパの一二カ国について示している。図から明らかなように、日本においては「職業における大学知識の活用度」がヨーロッパ諸国と比較して顕著に低く、「満足のゆく仕事を見つける上で役立つ」「長期的キャリアを展望する上で役立つ」という項目についても、図中で最低ではないものの比較的低い水準である。逆に、「人格の発達の上で役立つ」という点については、日本も他国に匹敵する水準に達している。

ここに見られる、日本の大学教育で得られる知識が職場で活用される度合いの低さは、一方では大学教育のあり方に由来するとともに、他方では日本企業の内部における人と仕事の結び付け方および仕事の編成の仕方にも、強く影響されている。言うまでもなく、この両側面は相互に緊密に絡み合っている。

金子元久は、各大学の入学者選抜が学生の基礎学力水準の指標を提供し、企業はそれを

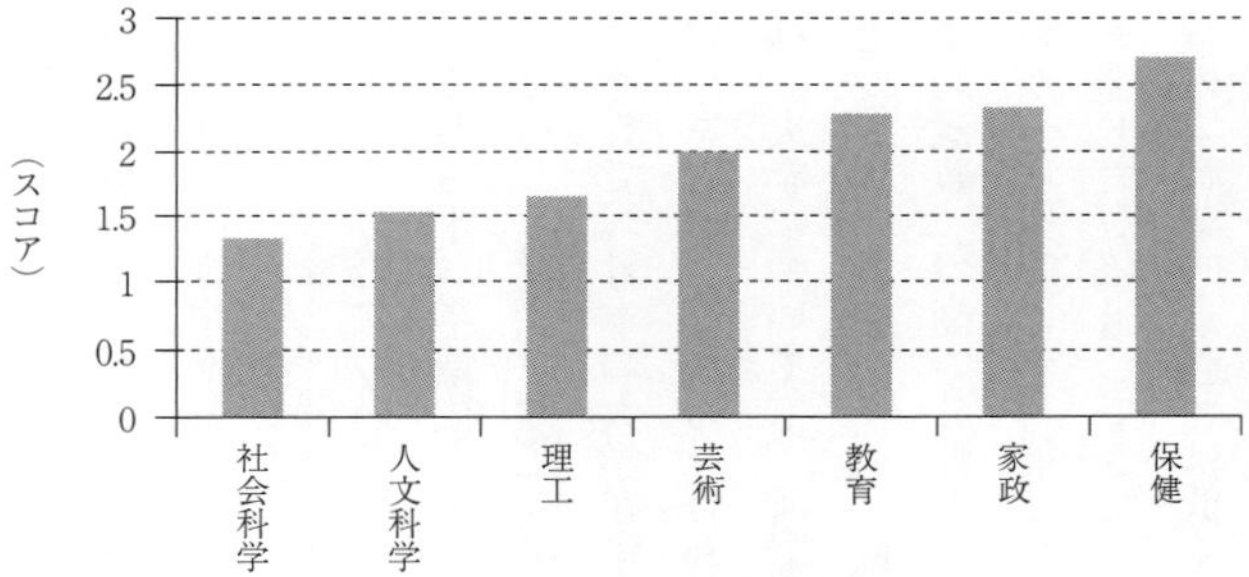

（出所）本田由紀「高校教育・大学教育のレリバンス」（注44を参照）図2より作成

図3－6　専門分野別　大学教育の職業的意義

基準として大卒者を採用したのちに、企業内で必要な限りの職業知識を実践的に習得させるという、日本独特の大学と仕事との関係を、「Jモード」と呼び、欧米における「職業知モード」と対比している。その上で金子は、産業構造の変化の加速、知識技能の高度化と明示化の必要性の高まり、大学入試の選抜機能の低下などの要因により、「Jモード」は融解し始めていると述べている。[*54] この「Jモード」がこれまで強固に成立していたことにより、大学側も職業的意義の高い教育を施すインセンティブを欠き、企業側も大学で習得した知識の活用を重視しない働かせ方をとってきたのであり、両者は表裏一体の現象であったといえる。

ただし、日本における大学と仕事との関係のあり方は、大学教育の専門分野によって異なる様相を見せる。大学における専門分野別に、卒業者から見た主観的な

「教育の職業的意義」を示した図3-6からは、専門分野によって職業的意義の水準に相当の差異があることが見出される。保健、家政、教育、芸術など、大学の教育内容自体が専門職養成的性格が強く、卒業後もそれに即した専門的労働市場で仕事に就く者が多い分野については、大学教育の「職業的意義」は高い。それに対して、とくに人文科学や社会科学という分野については、大学の教育内容そのものが対応する職業分野を意識して設計されておらず、卒業後も主に民間企業内部において専門的ではないキャリアをたどる者が多いため、「職業的意義」の水準は低い。理工系は両者の中間に位置している。

そして、日本の大学在学者の中では、社会科学が約三五％、人文科学と工学が約一五％ずつを占め、これらを合わせると大学生全体の三分の二を占める。このように、高校と同様、大学についても、「職業的意義」の低い専門分野が量的に大きな比重を占めていることが、大学教育全体の「職業的意義」を引き下げる結果になっている。このように、「職業的意義」の高い分野も一部に存在しているという事実は、「職業的意義」の高い大学教育が、本質的に不可能であるわけではないことを示唆している。しかし、金子の言う「Jモード」が該当してきた分野の比重が大きいことにより、全体としてみれば日本の大学教育の「職業的意義」は低く表れているのである。

こうした「職業的意義」の低さは、大学教育そのものの正当性や、そこへの資源の投資の合理性をも揺らがせている。周知のように、日本の大学教育については、学費が高いにもかかわらず奨学金や学費免除を受けている者の比率が低く（図3-7）、[55]学生自身やその家族の経済的負担がきわめて大きい。それにもかかわらず、大学教育が卒業後の仕事の世界において活用される度合いが低いということは、学生とその家族にとって無駄な出費を膨大に強いられていることを意味している。

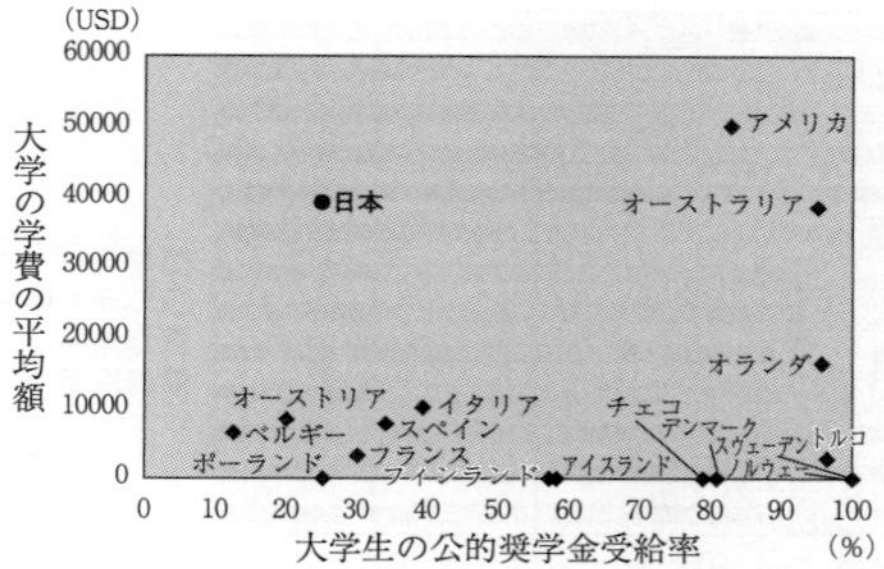

（出所） OECD(2007a),Education at a Glance.

図3－7 大学の学費と公的奨学金の受給率（2004年度）

同時に、労働条件面で有利な仕事に就ける確率は、大卒者に比べて大卒未満の学歴の者にとって大きく低下するため、経済的制約を抱える家庭の子弟は、労働市場からの不合理な排除に直面していることになる。

†大学教育の「職業的意義」の低下をもたらす新規学卒一括採用

日本の大学教育の「職業的意義」の低さをもたら

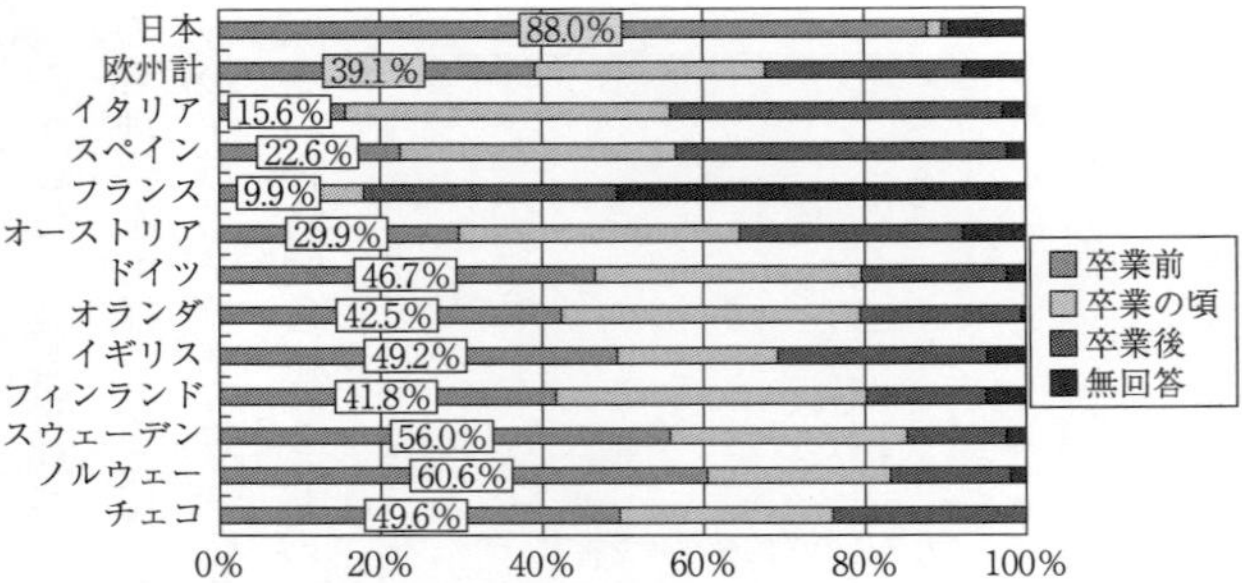

（資料）　独立行政法人　労働政策研究・研修機構（旧　日本労働研究機構）「日欧の大学と職業―高等教育と職業に関する12ヵ国比較調査結果」（平成13年3月）

（出所）　社団法人国立大学協会・公立大学協会・日本私立大学団体連合会が社団法人日本経済団体連合会に提出した要請書（平成20年7月9日付）

図３－８　日欧における大卒者の就職活動の開始時期

している「Jモード」のかなめとなっているのは、大学教育と仕事の世界の結節点に位置づく、「新規学卒一括採用」という慣行である。日欧一二カ国において、大卒者がいつ頃就職活動を始めたかを示している図3-8には、大学生の大半が卒業前に就職活動を開始している日本の特異性が表れている。多くのヨーロッパ諸国では、卒業前に就職活動を始める大学生は半数前後であり、フランス・イタリア・スペインではさらに少なく一～二割にすぎない。

とくに近年の日本では、就職活動の早期化が進行し、多くは大学三年の夏頃にはすでに就職活動を始めている。そのきっかけとなったのは、一九九六年にいわゆる「就職協定」が廃止されたことであり、長期不況下における新卒採用の抑制と厳選化、「優れた人材」の争奪競争が、それを助長する結果をもたらした。

　大学教育を修了するずっと以前に採用が決まってしまうからには、企業側が大学教育で何を身につけたかを重視していないことは、大学生にとっても明白である。それゆえ大学生は、大学での学習への動機づけをもちにくく、「職業的意義」も実感できない状態にある。

「新規学卒一括採用」についての大学の就職担当スタッフの認識を示した図3-9からも、それがさまざまな面で問題を含んでいることがうかがえる。また、経済産業省が二〇〇五年に実施した調査結果では、採用時のミスマッチが採用後の早期離職を生んでいることを企業側も認識している（図3-10）。

　早期化が進み、大学生・企業・大学のいずれにとっても、「新規学卒一括採用」がコストやストレスの大きいものになっていることについて、直截に指摘した本が[*56]二〇〇八年に刊行され、ベストセラーとなった。二〇〇九年二月には、大学生の就職活動の早期化に歯止めをかけるため、文部科学省が大学団体や日本経団連に呼びかけ、内定時期などに関する大学と企業間の取り決めを明確化する方向で、検討に入ったことが報道された。[*57]それゆえ、「新規学卒一括採用」がはらむ諸矛盾に対して、日本社会内部でも関心が高まりつつ

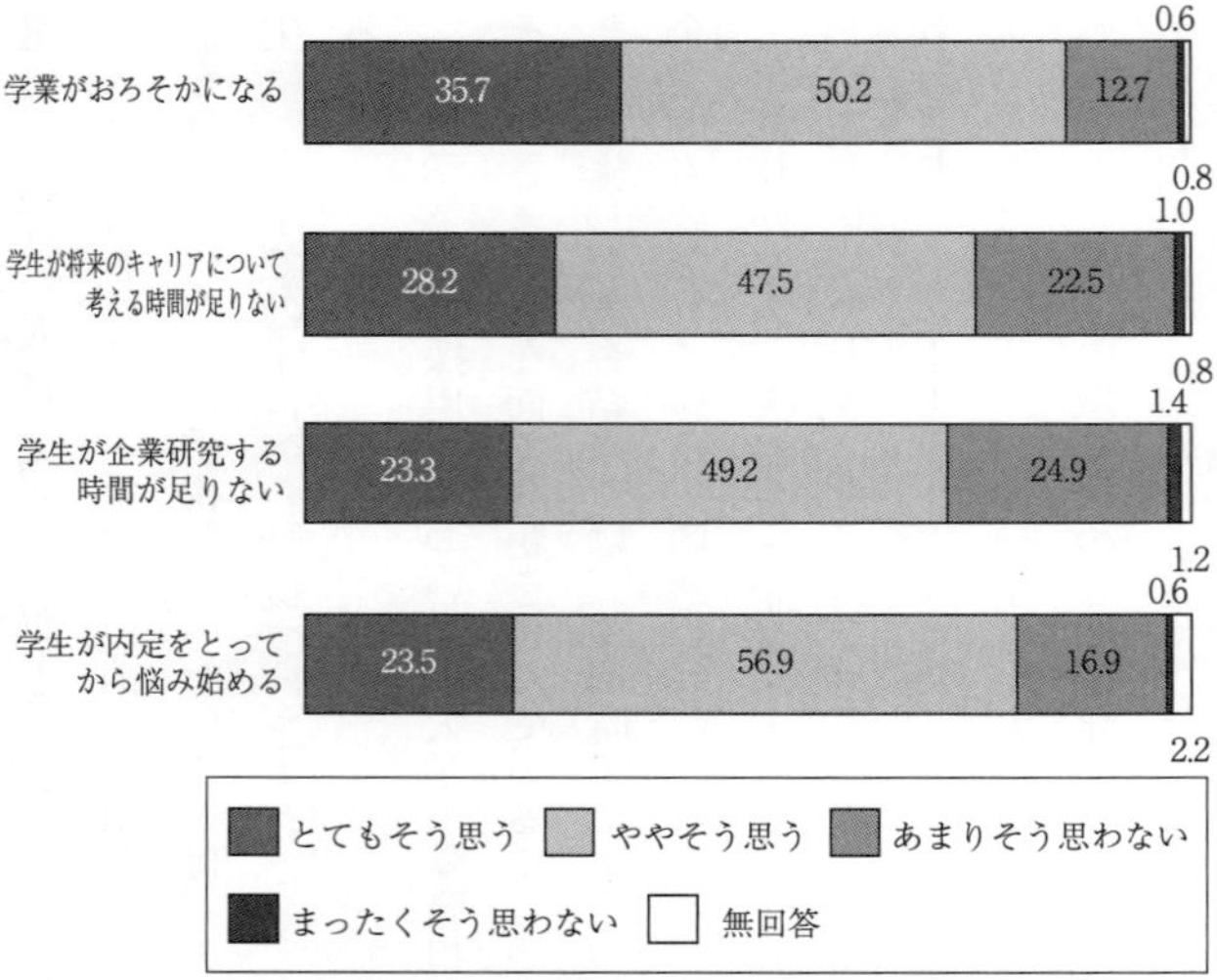

（出所）労働政策研究・研修機構『大学生の就職・募集採用活動等実態調査Ⅱ』調査シリーズ No.17,2006年

図3－9　現在の採用スケジュールの問題

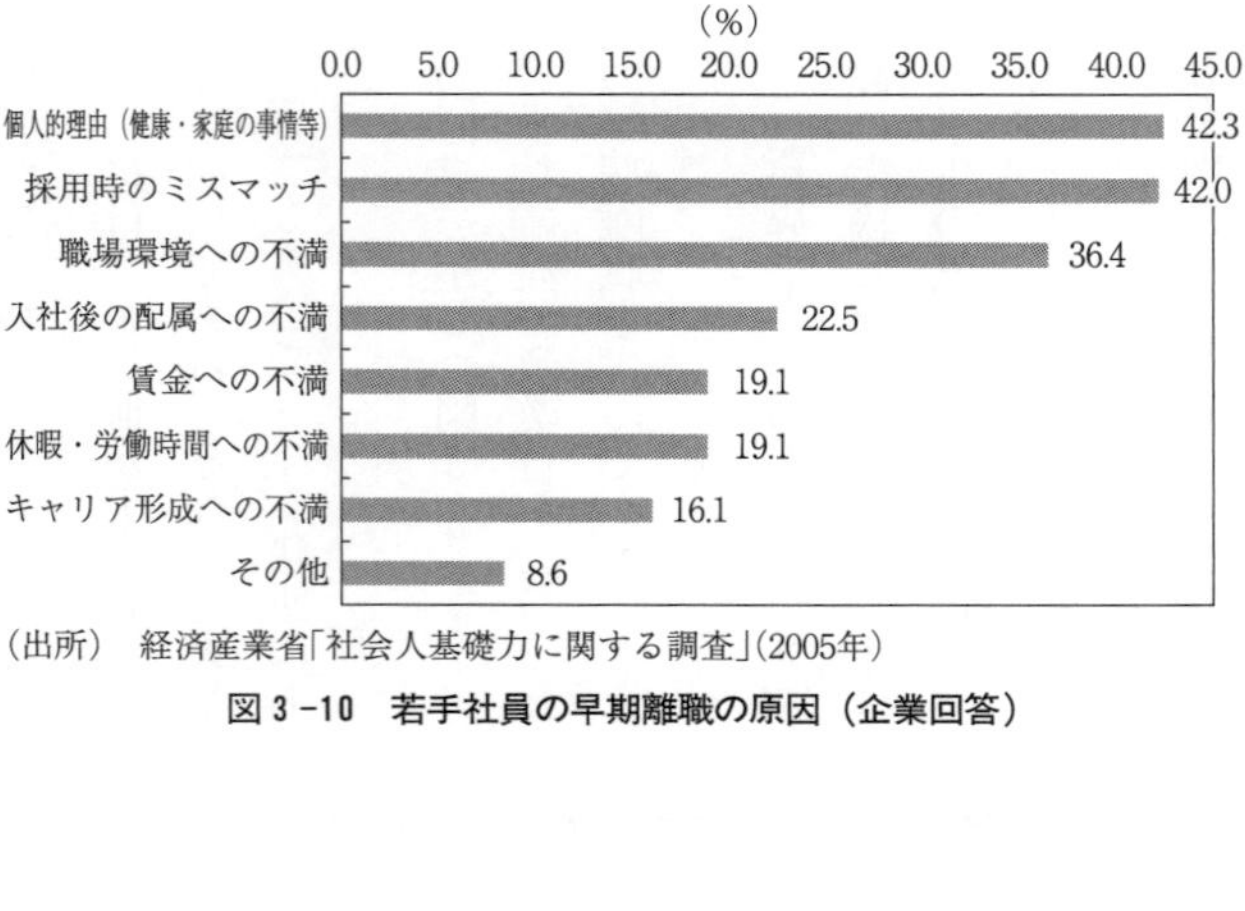

（出所）　経済産業省「社会人基礎力に関する調査」(2005年)

図3－10　若手社員の早期離職の原因（企業回答）

あることは確かである。

しかし、その延長線上で、従来の「Jモード」そのものを再検討し、変革してゆくことが必要である。それは、大学教育のあり方、企業の中での仕事の編成や従業員への評価のあり方についても問い直すことを不可欠とするため、容易な課題ではないことはむろんである。しかし、かつてより拡大した大学教育が、社会全体にとって壮大な無駄に終わらないようにするためには、大学での営みを職業面でも意義あるものとするとともに、それを正当に評価する体制を、仕事の世界でも作り出してゆくことが不可欠であろう。

†イギリスにおける新規大卒採用

日本の「Jモード」に対するオルタナティブのイメージを具体化する上で、他国における大卒者の採用と処遇のあり方について、より詳しく見ておくことが役立つと思われる。ここでは、大学教育の大衆化、大学在学者の年齢や経歴等の属性、標準就学年限、大学の就職支援部局の重要性など、いくつかの点で日本と共通性をもつ、イギリスを参照の対象としよう。

労働政策研究・研修機構が二〇〇四年に実施したイギリスの大卒就職に関するヒアリン

	新卒採用の位置づけ					大学教育の職業的意義			
	①新卒採用の有無	②採用全体に占める比率	③採用の形態	④初期訓練プログラム	⑤新卒の範囲	⑥出身大学	⑦専門分野	⑧成績	⑨就業経験
イギリス	有	中途＞新卒	部門別	当該部門内での移動	やや広い（必ずしも卒業直後でなくてもよい）	専門分野の強みの一環	前提として考慮	学習成果として認知	関連領域の経験を評価
日本	有	中途＜新卒	一括	集合研修後部門配属	狭い	入学時の基礎学力	結果としては認知	信頼性に疑問	期待する能力観が未形成

（出所）労働政策研究・研修機構『高等教育と人材育成の日英比較』労働政策研究報告書 No.38、2005年、第３章、32頁表３－５および36頁表３－６より作成

表３－４　イギリスと日本の新規大卒採用の対比

グ調査では、表３－４に示すような日英両国間の相違が浮かび上がっている。イギリスでは日本と同様に、大学を新規に卒業した者の採用が行われているが（①）、新卒者を対象とした採用プログラムの量的規模は中途採用に比べて小さく、このプログラムに該当しない層は中途扱いで採用される（②）。新卒者とみなされる対象は、日本のように大学卒業直後であることを絶対条件としているわけではない（⑤）。採用やその後の初期訓練においては特定の職種の部門が重視されており（③・④）、それゆえ採用時に大学で学んだ専門分野や、その専門分野の習得度としての成績、当該分野での就業経験が考慮される度合いも大きい（⑦・⑧・⑨）。出身大学名はその専門分野に関してすぐれた教育を行っているかどうかという点で参照される（⑥）。それに対して日

本では、新卒採用の定義が狭く、出身大学が専門分野の学習よりも入学時の基礎学力という点でのみ参照され、成績や就業経験も重視されず、分野を問わず一括で採用される。両国は、やはり明確な対照をなしている。

ブラウンとヘスケスは、イギリスでも大卒者の拡大に伴い、採用基準として専門知識に加えて対人能力などのソフト・スキルがより重視されるようになる傾向が見られると指摘している。[*58]それでもなお、労働政策研究・研修機構の上記調査によれば、イギリスでは採用選抜を可能な限り客観的に行うために、アセスメントセンターにおけるロールプレイなど、標準化された選考方式が普及しており、面接もスキルベースのコンピテンシー（能力）を判断することが目的とされている。それは、採用における性別・人種などの差別を防止するためでもある。

先のシンガポールの例と同様に、本書はイギリスの採用方式をもろ手をあげて称賛し、直輸入を主張しているわけではない。しかし、そのような採用のあり方が現実に機能している社会が存在することを認識し、導入可能な部分については検討してみることが、日本にとっても益のあることだろう。たとえば、日本でも一部の企業、一部の職種については職種別採用が導入されている。しかも、職種別採用を行っている企業ほど、入社三年後までの離職率が低いという分析結果も見いだされる。[*59]

それならば、職種別採用の範囲を徐々に拡大し、また卒業後数年までは新卒に含めるというような漸進的変革は、日本でも大きな軋轢《あつれき》なく可能であり、それは企業と個人の双方にとって望ましい結果をもたらすと考えることに、それほど無理はないはずである。仕事の世界における職種すなわち専門分野の輪郭が現在よりも明確になることは、大学教育の「職業的意義」の向上にとって不可欠の条件である。そうした方向への歩み出しが、融解しつつある「Jモード」からの脱出を促進することになるだろう。

†世界的視点からの日本の問題性

OECDが二〇〇九年に刊行した報告書『若者の仕事――日本（*Job for Youth : Japan*）』には、以下のような記述がある。

日本の教育システムは、過去数十年間にわたってきわめてうまく作動してきた。在学中の生徒の学力は高く、若年層の学歴水準も高度である。教育機関が企業との間に形成してきた結びつきは、卒業生が仕事を見つける上で重要な役割を果たしており、その結果として、日本における学校から仕事への移行は確実性の高いものであった。しかし、こうした良好な状態は、労働市場の変化によって揺らいでいる。教育機関を卒業した若者に対する終身雇用と企業内訓練の機会は減少し、代わって非正社員が急激に増加している。普通教育が偏重されていることにより、労働市場からの能力需要と教育システムとの関連が薄いこと、在学中の就労経験が限定的であること、公的な職業訓練システムが未発達であること、二元的な徒弟制度や職業教育システムが弱体であることなど、数々の問題が顕在化しつつある。そればかりか、国際標準テストにおける達成水準も近年低下しつつある。教育機関からの中退率もOECD平均を大きく下回ってはいるものの、過去一〇年間に漸増しており、そうした中退者に対する、より体系的な支援の必要性が指摘されている。（八八頁、翻訳は筆者による）

これが、外から見た日本の教育と仕事の現状である。こうした問題性への認識は、国内のほうが遅れていると言って過言ではないだろう。高校・大学のいずれに関しても、「教育の職業的意義」の低さが、日本社会の閉塞状況の重要な要因のひとつとなっている。そうした現状を見極め、機能不全に陥っているこれまでのあり方を見切り、進むべき方向を選択し実践することが、今、急がれている。

註

＊43　藤田晃之「アメリカにおける若年者就職支援施策の特質と課題」（http://www.jil.go.jp/event/ro_forum/giji/20040219/houkoku2.htm）

＊44　この図は拙著『軋む社会』（双風舎、二〇〇八年）六六頁所収の図のデータを最新の値に更新したものである。

＊45　本田由紀「高校教育・大学教育のレリバンス」谷岡一郎他編『日本人の意識と行動』東京大学出版会、二〇〇八年。

＊46　本田由紀「専門高校生の職業への移行」小杉礼子編『若者の働きかた』ミネルヴァ書房、二〇〇九年

＊47　使用したデータは、日本教育学会が特別課題研究として実施した「若者の教育とキャリア形成に関する調査」二〇〇七年第一回調査である。

＊48　学校基本調査の「卒業後の状況調査」における「就職者」・「一時的な仕事に就いた者」「左記以外の者」の合計。

＊49　本田由紀「教育経歴と就労行動・就労意識」研究代表者・乾彰夫『「若者の教育とキャリア形成に関する調査」二〇〇七年第1回調査結果報告書』、二〇〇九年

＊50　http://benesse.jp/berd/center/open/report/kodomoseikatu_data/2005/hon3_1_03a.html

＊51　シム・チュン・キャット『シンガポールの教育とメリトクラシーに関する比較社会学的研究』東洋館出版社、二〇〇九年

＊52　シム前掲書、七九頁

＊53　シム前掲書、一九〇-一九二頁

＊54　金子元久『大学の教育力』ちくま新書、二〇〇七年

＊55　出典は OECD, *Jobs for Youth : Japan*, 2009, p.82

＊56　大沢仁・石渡嶺司『就活のバカヤロー』光文社新書、二〇〇八年

＊57　二〇〇九年二月六日付読売新聞

＊58　Brown, P. and Hesketh, A., *The Mismanagement of Talent : Employability and Jobs in the Knowledge Economy*, Oxford University Press, 2004.

＊59　田原啓一他「採用形態が新卒3年以内離職率に与える影響」ＩＳＦＪ２００７政策フォーラム発表論文（http://www.isfj.net/ronbun_backup/2007/0805.pdf）

第4章 「教育の職業的意義」にとっての障害

†「教育の職業的意義」と似て非なるもの

本書は一貫して、現在の日本における「教育の職業的意義」が、縦断的（歴史的）に見ても、横断的（国際的）に見ても、特異なほどに低いということと、その問題性を指摘している。そして、〈適応〉と〈抵抗〉の両面での実質的な「教育の職業的意義」を高めることを提唱している。そのような本書の立場と、一見同じ方向を向いているようで、実は互いに相容れないどころか、「教育の職業的意義」の追求に対して、障害にさえなりかねないものが、現代日本社会においては強固に存在している。

それは「キャリア教育」という施策・理念であり、またそれと密接に関わる「人間力」や「生きる力」などの概念や発想である。これらは、一九九〇年代後半から今世紀にかけて、若年労働市場の変化に対する教育面での対策として、政策的に推進されてきた。

しかし実際には、それらはいくつもの問題をはらんでおり、かつ本書が掲げる「教育の職業的意義」の必要性から社会の関心を逸らし、それに向けての取り組みを阻害する危険をも含んでいる。本章では、筆者がそのように考える理由について、やはりデータに依拠しつつ議論してゆこう。

†「キャリア教育」の政策的推進

「キャリア教育」という言葉が、文部科学行政関連の審議会報告等ではじめて登場したのは、一九九九年一二月の中央教育審議会答申「初等中等教育と高等教育との接続の改善について」である。この答申では、表題にある初等中等教育と高等教育の接続のみならず、学校と職業との接続についても議論がなされ、「小学校段階から発達段階に応じてキャリア教育を実施する必要がある」ことが提言された。それ以前にも文部省(当時)は、一九九〇年代前半からすでに「勤労体験学習総合推進事業」「中学校進路指導総合改善事業」など、現在の「キャリア教育」につながる内容の事業を開始していたが、それらの試みや理念は九〇年代末以降、「キャリア教育」という言葉に集約されるようになる。*60

その後の二〇〇三年六月に策定された、戦後日本でほぼ初の若年就労政策である「若者自立・挑戦プラン」および二〇〇四年一二月策定の「若者の自立・挑戦のためのアクションプラン」においても、そのメニューの中心的な構成要素のひとつとして、「キャリア教育」の推進と充実が掲げられていた。

同時期の二〇〇四年一月に公表された「キャリア教育の推進に関する総合的調査研究協

力者会議報告書」、そして二〇〇六年一一月に相次いで公表された「高等学校におけるキャリア教育の推進に関する調査研究協力者会議報告書――普通科におけるキャリア教育の推進」および「小学校・中学校・高等学校　キャリア教育推進の手引き――児童一人一人の勤労観、職業観を育てるために」でも、やはり「キャリア教育」が推奨されている。これらと並行する形で、二〇〇四年からは「キャリア教育推進地域指定事業」が、二〇〇六年からは「キャリア教育実践プロジェクト」が、それぞれ文部科学省の事業として開始された。

さらに、二〇〇八年七月に閣議決定された教育振興基本計画においては、「特に重点的に取り組むべき事項」として「キャリア教育・職業教育の推進と生涯を通じた学び直しの機会の提供の推進」があげられており、「キャリア教育」は「職業教育」という言葉と併記されるようになる。このような併記は、二〇〇八年一二月に文部科学大臣が中央教育審議会に対して行った諮問「今後の学校におけるキャリア教育・職業教育の在り方について」にも引き継がれ、この諮問に基づき、中央教育審議会内にはキャリア教育・職業教育特別部会が設置されて、検討が開始されている。

†「キャリア教育」の定義と目的

このように、今世紀に入ってから教育政策の一環としてきわめて積極的に推進されてきた「キャリア教育」とは、いったい何を意味しているのか。まずその定義の変遷を振り返るならば、一九九九年の中教審答申では、「望ましい職業観・勤労観及び職業に関する知識や技能を身に付けさせるとともに、自己の個性を理解し、主体的に進路を選択する能力・態度を育てる教育」という、包括的な、言い換えれば総花的な定義が与えられていた。それが、二〇〇四年の調査研究協力者会議報告書では、「児童生徒一人一人のキャリア発達を支援し、それぞれにふさわしいキャリアを形成していくために必要な意欲・態度や能力を育てる教育」といったん定義した上で、さらに「端的に言えば、「児童生徒一人一人の勤労観・職業観を育てる教育」である」と言い換えられている。

また、二〇〇九年一月に開催された中教審第一回キャリア教育・職業教育特別部会における配布資料では、「諮問時における当面の考え方」として、「キャリア教育」は「勤労観・職業観や知識・技能をはぐくむ教育のうち、勤労観・職業観の育成に重点を置いた基礎的、汎用的教育」を意味するとの記載がある。これと対比する形で、「職業教育」とは

「勤労観・職業観や知識・技能をはぐくむ教育のうち、知識・技能の育成に重点を置いた専門的、実践的教育」と定義されている。

このような変遷からは、「キャリア教育」という概念が政策的に掲げられた当初においては、それは「勤労観・職業観」と「職業に関する知識や技能」の両面を含んでいたが、その後の数年の間に「キャリア教育」の意味内容は、主に「勤労観・職業観」を育てる教育へと限定されるようになり、それとともに二〇〇〇年代後半からは、「知識や技能」の教育を意味する「職業教育」という言葉と併記されるようになってきたことがわかる。要するに、政策的定義における「キャリア教育」の中核にあるのは「勤労観・職業観」つまり職業意識の形成であり、そうした定義は後になるほど明確になってきている。[*61]

しかし同時に、政策が掲げる「キャリア教育」は、「意識」だけでなく「能力」をも、その守備範囲に含んでいる。二〇〇二年一一月に国立教育政策研究所生徒指導研究センターが発表した「職業観・勤労観を育む学習プログラムの枠組み（例）」では、「キャリア発達に関わる能力」として、「人間関係形成能力」「情報活用能力」「意思決定能力」「将来設計能力」の四つがあげられている。これは、文部科学省作成の「小学校・中学校・高等学校　キャリア教育推進の手引き」にも引き継がれている。これらは、前記の中教審特別部会配布資料における、「基礎的、汎用的教育」の部分に当たるものであろう。

これら四つの能力は、「生きる力」や「人間力」の構成要素として通常挙げられているものと、ほぼ重なっている。実際、前記の配布資料には、「基礎的・汎用的能力についての提言の例」を整理した表が含まれており（表4-1）、これらの諸提言を踏まえて「キャリア教育」の目的が設定されていることは確実である。つまり、「キャリア教育」とは、「生きる力」や「人間力」をつけるためのものであるとみなされていると言ってよい。[*62]

†「キャリア教育」の具体的内容

では、そのような「勤労観・職業観」および「汎用的・基礎的能力」を形成するという目的を果たすために、「キャリア教育」の具体的な中身として実施されている事柄は何か。種々の政策文書を見ると、「キャリア教育」の主な実践内容として挙げられているのは、職場体験・インターンシップ、上級学校の見学や体験入学、卒業生や社会人による体験発表や講演、ワークシートなどを用いた自己理解や将来設計に関する学習、キャリア・カウンセリングなどである。

その中でもとくに政策的に重点が置かれているのは職場体験・インターンシップである。

	生きる力	学士力	キー・コンピテンシー（主要能力）	社会人基礎力	就職基礎能力	エンプロイアビリティ
趣旨	「変化の激しいこれからの社会を生きる子どもたちに身に付けさせたい力」として、中央教育審議会が提言。〔平成8年7月「21世紀を展望した我が国教育の在り方について」など累次の答申〕	「各専攻分野を通じて培う、学士課程共通の学習成果」として、中央教育審議会が提言。〔平成20年12月答申「学士課程教育の構築に向けて」〕	「単なる知識や技能だけではなく、技能や態度を含む様々な心理的・社会的なリソースとして活用して、特定の文脈の中で複雑な課題に対応することができる力」として、OECDが2000年のPISA調査の開始に当たり定義。	「職場や地域社会の中で多様な人々とともに仕事を行っていく上で必要な基礎的な能力」として、経済産業省の研究会が提言。〔平成18年1月「社会人基礎力に関する研究会—中間取りまとめ—」〕	「企業が採用に当たって重視し、基礎的なものとして比較的短期間の訓練により向上可能な能力」として、厚生労働省が提言。〔平成16年1月「若年者の就職能力に関する実態調査」〕	「労働市場価値を含んだ就業能力、即ち、労働市場における能力評価、能力開発目標の基準となる実践的な就業能力」として、厚生労働省の研究会が提言。〔平成13年7月「エンプロイアビリティの判断基準等に関する調査研究報告書」〕
内容	○確かな学力 知識・技能に加え、自分で課題を見つけ、自ら学び、主体的に判断し、行動し、よりよく問題を解決する資質や能力 ○豊かな人間性 自らを律しつつ、他人とともに協調し、他人を思いやる心や感動する心など ○たくましく生きるための健康や体力	○知識・理解 ・他文化・異文化に関する知識の理解 ・人類の文化、社会と自然に関する知識の理解 ○汎用的技能 ・コミュニケーションスキル ・数量的スキル ・情報リテラシー ・理論的思考力 ・問題解決力 ○態度・志向性 ・自己管理力 ・チームワーク、リーダーシップ ・倫理観 ・市民としての社会的責任 ・生涯学習力 ○統合的な学習経験と創造的思考力	○社会・文化的、技術的ツールを相互作用的に活用する力 ・言語、シンボル、テクストを活用する能力 ・知識や情報を活用する能力 ・テクノロジーを活用する能力 ○多様な社会グループにおける人間関係形成能力 ・他人と円滑に人間関係を構築する能力 ・協調する能力 ・利害の対立を御し、解決する能力 ○自立的に行動する能力 ・大局的に行動する能力 ・人生設計や個人の計画を作り実行する能力 ・権利、利害、責任、限界、ニーズを表明する能力	○前に踏み出す力（アクション） ・主体性 ・働きかけ力 ・実行力 ○考え抜く力（シンキング） ・課題発見力 ・計画力 ・想像力 ○チームで働く力（チームワーク） ・発信力 ・傾聴力 ・柔軟性 ・状況把握力 ・規律性 ・ストレスコントロール力	○コミュニケーション能力 ・意思疎通 ・協調性 ・自己表現能力 ○職業人意識 ・責任感 ・向上心・探求心 ・職業意識・勤労観 ○基礎学力 ・読み書き ・計算・計数・数学的思考力 ・社会人常識 ○ビジネスマナー ・基本的なマナー ○資格取得 ・情報技術関係 ・経理・財務関係 ・語学力関係	○労働者個人の能力 ・職務遂行に必要となる特定の知識・技能などの顕在的なもの ・協調性、積極的等、職務遂行に当たり、各個人が保持している思考特性や行動特性に係るもの ・動機、人柄、性格、信念、価値観等の潜在的な個人的属性に関するもの ○企業の求める変化に対応する能力 ○横断的な市場価値を含んだ職業能力

（出所）中央教育審議会第1回キャリア教育・職業教育特別部会　配布資料

表4－1　基礎的・汎用的能力についての提言の例

先述の教育振興基本計画にも、「中学校を中心とした職場体験活動をはじめ、キャリア教育を推進する」という記述があり、職場体験、とくに中学校段階におけるそれは、「キャリア教育」を代表する取り組みとみなされている。とりわけ、中学校段階における五日間以上の職場体験は「キャリア・スタート・ウィーク」と呼ばれ、二〇〇八年一一月時点で全国一二六地域がモデル地域として選定されている。図4-1に示すように、職場体験やインターンシップを実施している学校・学科の伸びは著しい。

文部科学省作成の「小学校・中学校・高等学校　キャリア教育推進の手引き」では、職場体験以外も含め、「キャリア教育」として想定されているものの内容が詳細に述べられており、たとえば中学校については、図4-2のような「キャリア教育」の全体図が掲げられている。

図4-2では、キャリア教育の目標として、肯定的自己理解と自己有用感の獲得、興味・関心に基づく職業観・勤労観の形成、進路計画の立案と暫定的選択、生き方や進路に関する現実的探索、の四点が掲げられている。また、これらの目標を達成するための具体的方策としては、体験活動、ポートフォリオ（文科省定義によれば「児童生徒の諸能力・態度・技能の習得の履歴を把握し、児童生徒のキャリア発達を評価するもの」）、キャリア・カウ

各学校・学科における実施率

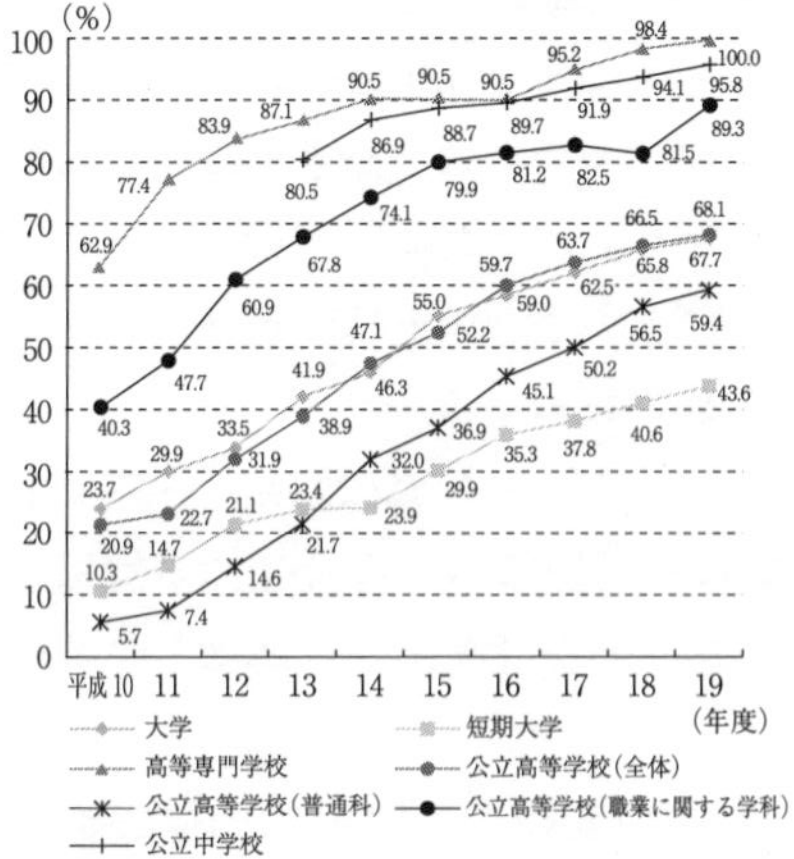

※公立高等学校については全て全日制における実施率

資料：中学校、高等学校は、文部科学省(〜H16)、国立教育政策研究所生徒指導研究センター(H17〜)公表資料大学、短期大学、高等専門学校は、文部科学省公表資料

体験者数の合割

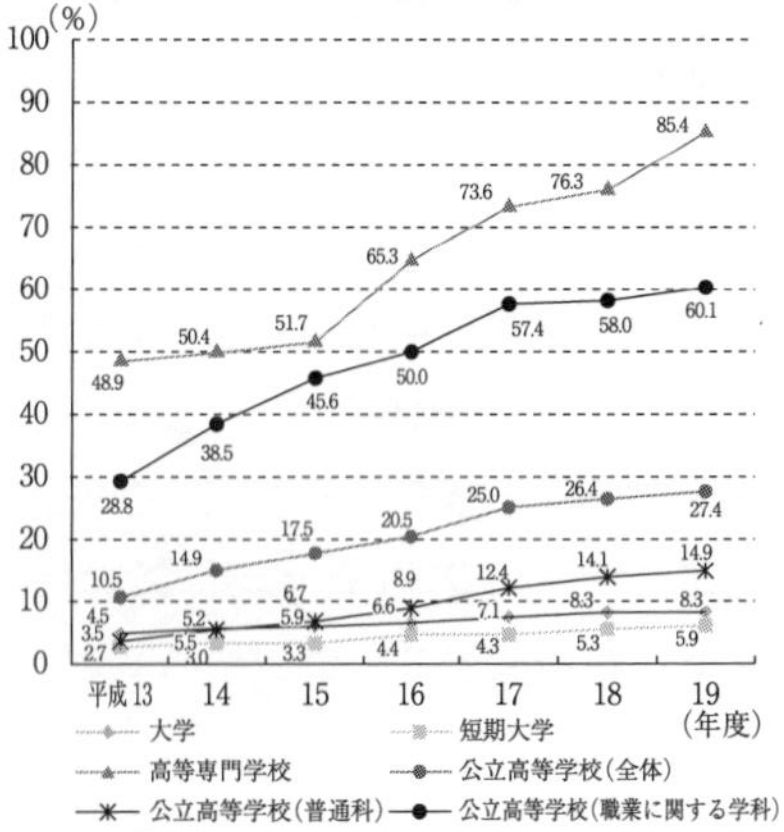

※公立高等学校については全て全日制における体験者数の割合
※高等学校については、3年間を通して1回でも体験した3年生の数を体験者数とし、3年生全体に占める割合。
※大学については、その年度の卒業者数を母数として内閣府において推計(短期大学、高等専門学校についても同様に推計)。
※中学校のデータは存在せず。

資料：高等学校は、文部科学省(〜H16)、国立教育政策研究所生徒指導研究センター(H17〜)公表資料を基に作成
大学、短期大学、高等専門学校は、内閣府「青少年白書」を基に作成

図4－1　職場体験・インターンシップの実施状況

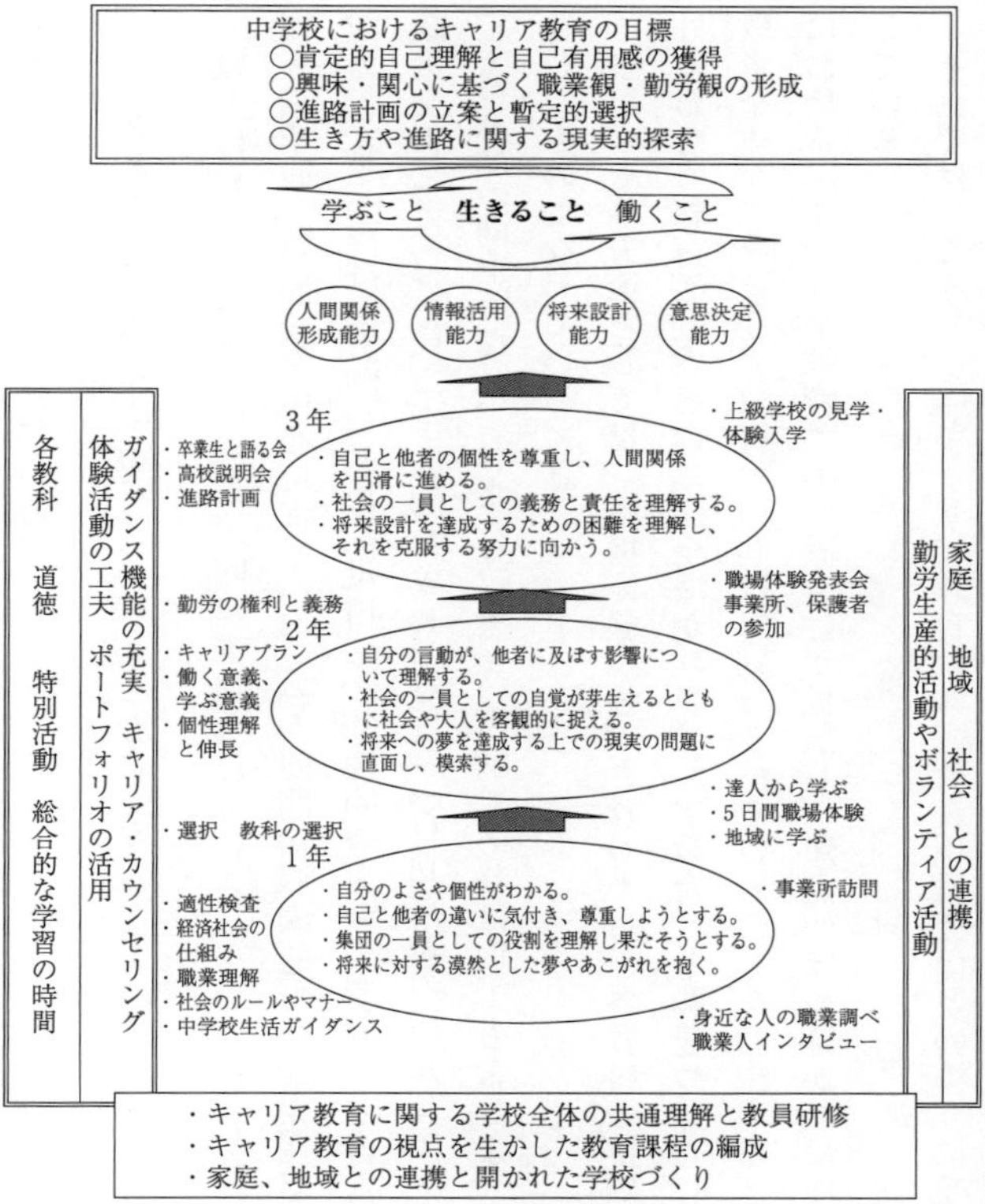
中学校におけるキャリア教育の目標
○肯定的自己理解と自己有用感の獲得
○興味・関心に基づく職業観・勤労観の形成
○進路計画の立案と暫定的選択
○生き方や進路に関する現実的探索
学ぶこと　生きること　働くこと
人間関係形成能力
情報活用能力
将来設計能力
意思決定能力
各教科　道徳　特別活動　総合的な学習の時間
ガイダンス機能の充実　キャリア・カウンセリング
体験活動の工夫　ポートフォリオの活用
3年
・卒業生と語る会
・高校説明会
・進路計画
・自己と他者の個性を尊重し、人間関係を円滑に進める。
・社会の一員としての義務と責任を理解する。
・将来設計を達成するための困難を理解し、それを克服する努力に向かう。
・上級学校の見学・体験入学
・職場体験発表会　事業所、保護者の参加
・勤労の権利と義務
2年
・キャリアプラン
・働く意義、学ぶ意義
・個性理解と伸長
・自分の言動が、他者に及ぼす影響について理解する。
・社会の一員としての自覚が芽生えるとともに社会や大人を客観的に捉える。
・将来への夢を達成する上での現実の問題に直面し、模索する。
・達人から学ぶ
・5日間職場体験
・地域に学ぶ
・選択　教科の選択
1年
・適性検査
・経済社会の仕組み
・職業理解
・社会のルールやマナー
・中学校生活ガイダンス
・自分のよさや個性がわかる。
・自己と他者の違いに気付き、尊重しようとする。
・集団の一員としての役割を理解し果たそうとする。
・将来に対する漠然とした夢やあこがれを抱く。
・事業所訪問
・身近な人の職業調べ　職業人インタビュー
家庭　地域　社会　との連携
勤労生産的活動やボランティア活動
・キャリア教育に関する学校全体の共通理解と教員研修
・キャリア教育の視点を生かした教育課程の編成
・家庭、地域との連携と開かれた学校づくり

（出所）　文部科学省「小学校・中学校・高等学校　キャリア教育推進の手引き」

図４－２　中学校におけるキャリア教育の全体図

ンセリング等が挙げられている。

†「キャリア教育」は教育現場でどのように受けとめられているか

以上に見てきたように、政策的に推進されている「キャリア教育」の目標は、「勤労観・職業観」の形成を中心に据えつつ、「人間関係形成能力」「情報活用能力」「意思決定能力」「将来設計能力」などの「汎用的・基礎的能力」の育成をも含んでいる。さらに、政策文書によっては、「全人的な成長・発達」「自立意識の涵養と豊かな人間性の形成」「学習意欲の向上」など、およそ望ましい事柄であれば何でも含むような、それゆえ茫漠としたものとなっている。

また、その方策としては、職場体験が強調されつつも、各教科や特別活動など、学校内外にわたる教育活動内容のほぼ全域が「キャリア教育」と関連づけられている。それは、教育全体が「キャリア教育」に向けて動員されていることを意味すると同時に、教育活動における「キャリア教育」の位置づけが拡散し、焦点がぼやけがちになる状態をも生み出している。

それでは、こうした「キャリア教育」は、教育現場ではどのように受け止められているのか。日本進路指導協会が二〇〇四~二〇〇五年に行った調査の結果では、中学校の学級担任教員の三分の二は、「キャリア教育」が政策的に推進されていることを「知らない」と答えていた。[*63] まだこの時点では、教育現場への「キャリア教育」の浸透は限定されていた。しかし、こうした状況はその後の数年間で大きく変化した可能性がある。

Benesse 教育研究開発センターの「中学校の学習指導に関する実態調査報告書二〇〇八」では、中学の主幹教諭・教務主任の中で「キャリア教育や進路学習」の取り組みを実施したり充実させたりすることに対し、「賛成」(「とても賛成」と「やや賛成」の合計)と答える比率が、二〇〇六年八一・八%、二〇〇七年八七・〇%、二〇〇八年八九・九%と、高水準でかつ増加傾向にあることが示されている。[*64] ただし、「とても賛成」「やや賛成」それぞれの比率は報告書には掲載されていないこと、また回答者が主幹教諭・教務主任という役職に就いていることは、考慮する必要がある。この調査では「職場(企業や商店など)での体験学習」を「行っている」七七・九%、「行う予定」一二・三%と、合わせて九割が実施を進めているということも、「キャリア教育」への肯定感の高さと関連していると思われる。

他方で、リクルートが全国の高校の進路指導主事を対象として二〇〇八年に実施した調査の結果[*65]では、「キャリア教育」についてのさまざまな考え方を複数回答でたずねた質問において、「生徒にとって有意義だと思う」という回答の選択比率が、最多の五六・九%を占めている。しかし、それに続いて「学校現場で浸透するかどうかは未知数」三九・五%、「提唱されている内容どおりに現場が取り組むとしたら、教員の負担は相当大きくなりそうだ」三九・二%、「進路指導や職業教育と「キャリア教育」の違いがわからず、主旨が見えない」二六・八%など、「キャリア教育」に対する疑念を示す項目も、かなりの比率を占めている。

同調査の別の質問では、「キャリア教育」が「役に立っている」ことを肯定する回答が合計八割以上に達しているが、うち「とても役に立っている」は七・五%にすぎず、残りは「ある程度役に立っている」が占めている。さらに、「キャリア教育」の推進状況としては、やはり八割以上が何らかの活動を行っていると回答しているが、個々の項目については、実施比率が最も多い「キャリア教育の意味を生徒に伝えている」でも三三・〇%、次いで「キャリア教育について組織的・体系的な指導計画を作成している」は三〇・五%と、それぞれ三割前後にとどまっている。なお、具体的活動として「職業人による講演会」「職場見学」「就業体験（インターンシップ）」などの実施比率は、それぞれ半数強であり、中学での職場体験実施と比べて、高校では「キャリア教育」の焦点が絞り切れていないことがうかがえる。

また、「キャリア教育による生徒・学校の変化」に関しては、生徒の満足度や意欲が「増した」という回答はそれぞれ約三割程度であり、逆に教員やキャリア教育担当部署の仕事が「増した」とする回答は、それぞれ六五・四%と五七・九%に達する。同調査の自由回答では、「キャリア教育」について、「よくわからない」「認識がバラバラ」「形骸化している」「どこまでやればよいのか見当もつかない」「具体的な結果が得られていない」といった記載が並んでいる。

この調査でもうひとつ注目すべきは、進路指導で生徒に伝えていることとして、回答者の九八・八%までが「将来のことや職業のことを考えなさい」ということをあげており、「自分のやりたいことや向いていることを探しなさい」「自分の進路なのだから自分の責任で決めなさい」もそれぞれ九五・八%と八五・七%に上っているということである。

この調査結果から見る限り、少なくとも高校段階においては、「キャリア教育」は「自分の将来や、やりたいことを考えて、自分で決めなさい」といった規範や圧力という形で、もっとも浸透していることがうかがえる。「キャリア教育」という言葉を使うか否か、また具体的な活動や計画を実施するか否かとは別に、生徒が「勤労観・職業観」や「意思決定能力」「将来設計能力」を持たねばならない、という要求そのものは、学校や教師から生徒に対して確実に伝えられている。あるいは、そのような要求こそが、政策的に推進されてきた「キャリア教育」の本体だと考えるべきだろう。目標や活動が漠然としていながらも、「よきもの」として強力に推進されている「キャリア教育」は、そうした「漠然たるよきもの」を生徒個々人が自ら体現しなければならない、という圧力として、教育現場において実体化しているのである。

†「キャリア教育」が若者に及ぼす影響

では、このような「キャリア教育」は、その対象たる若者たちに何をもたらしているのか。それを推進する側がもっている意図は、若者において実現されているのか。

Benesse 教育研究開発センターが二〇〇五年に実施した「平成一七年度経済産業省委託調査 進路選択に関する振返り調査——大学生を対象として[*66]」では、大学生が自分の高校時代に進路選択に関してどのような悩みをもっていたかをたずねている。その結果を示した図4-3からは、学力レベルに関する悩みが最多を占めているものの、「自分の適性

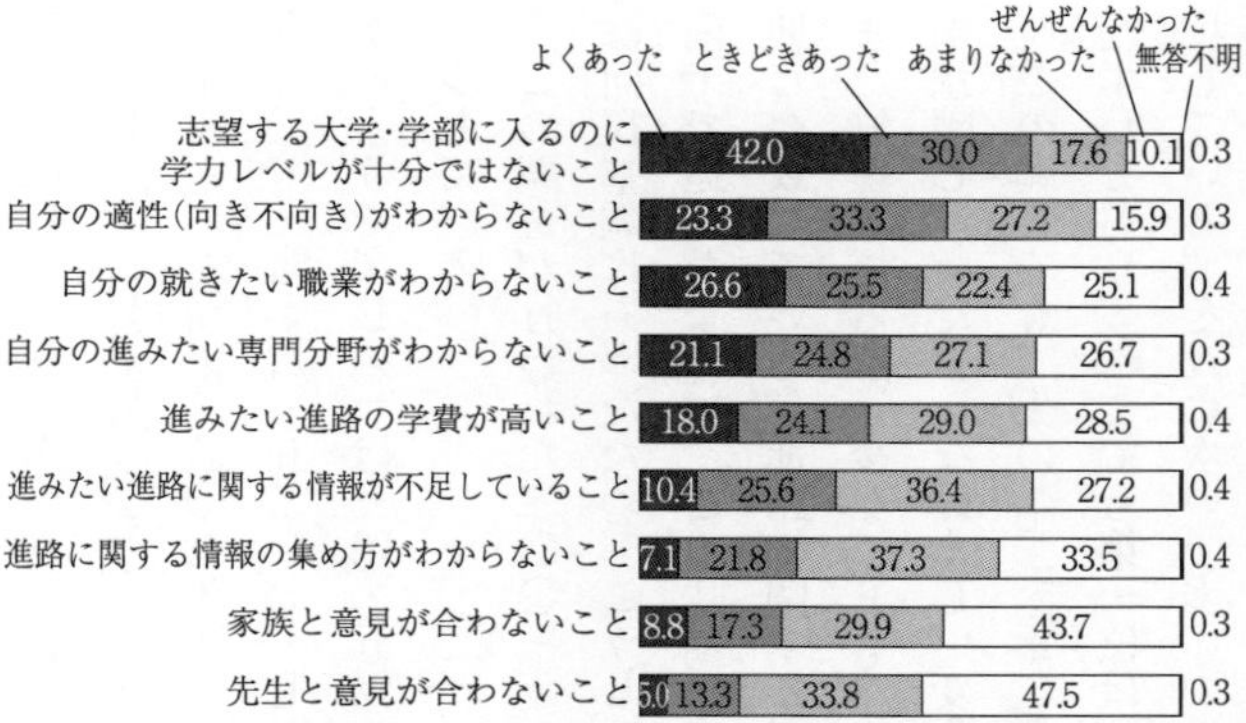

（出所） Benesse教育研究開発センター「平成17年度経済産業省委託調査　進路選択に関する振返り調査 ―― 大学生を対象として」

図４－３　進路を選択するときの悩み

(向き不向き)がわからないこと」「自分の就きたい職業がわからないこと」「自分の進みたい専門分野がわからないこと」といった、まさに「キャリア教育」が目標とする「勤労観・職業観」および「意思決定能力」「将来設計能力」に関する悩みを抱えていたものが半数前後に達していることがわかる。そうした「よきもの」を持たねばならないという要請は、それらを実際に持てるようになることを、なんら保証しはしない。むしろ逆に、手段・方法を欠いた要請のみが突きつけられることは、若者にとっては混乱と困惑を増大させる方向に働きがちである。

そのことは、別の調査結果からも推察される。リクルートが二〇〇七年に実施した「第

三回　高校生と保護者の進路に関する意識調査」[*67]では、高校生が進路を考えるときの気持ちとして、「自分がどうなってしまうのか不安になる」が二〇〇三年四四・〇％↓二〇〇五年四六・六％↓二〇〇七年四八・七％、また「考えること自体が面倒臭い」が同じ各時点で三・三％↓六・五％↓七・七％といずれも増加傾向にあり、逆に「自分の可能性が広がるようで楽しい」は三四・五％↓二五・九％↓二四・〇％と、四年間で一〇ポイントも減少している。

この調査が行われた二〇〇三年から二〇〇七年にかけての時期は、景気や新規学卒採用は回復基調にあったため、こうした変化の理由を雇用情勢に求めることは難しい。本章の前半で述べたように、この時期は、「キャリア教育」が強力に推進されるようになった時期と合致している。進路に関する意識変化の原因を「キャリア教育」のみに求めることもまた無理があるが、少なくとも、「キャリア教育」が若者の進路意識に対して、それが本来意図していたような好ましい変化をもたらさなかったことは確かである。

この調査でも、先の Benesse 調査と同様に、進路選択に関する悩みの中身を複数回答たずねており、ここでも第一位は「学力が足りないかもしれない」で、六割近くまでが選択している。それに次いで多いのはやはり「自分に合っているものがわからない」三八・

三%、「やりたいことが見つからない、わからない」三二・七%、「社会に出て行く能力があるか自信がない」二四・九%など、「キャリア教育」の目的に関わる諸側面である。

さらに、「働くことについての気がかり」に関しても、「ある」と答える比率が二〇〇三年四二・六%、二〇〇五年七一・三%、二〇〇七年七四・四%と、とくに二〇〇三年から二〇〇五年にかけて著しい伸びを示している。この「気がかり」の内容の第一位は「就きたい職業に就くことができるだろうか」ということであり、六三・二%までがこの項目を選択している。

こうした結果を併せて考察するならば、二〇〇〇年代において、若者は一方では「やりたいことがわからない」という不安を募らせ、他方でやりたいことが見つかった者の場合は「それが実現できるかどうかわからない」という不安を募らせてきたのであり、そうした変化は「キャリア教育」推進の時期と合致していたのである。

このような時期的な合致からの類推に留まらず、「キャリア教育」が若者に及ぼす影響を直接に分析した研究も存在する。荒川葉は、調査対象の高校を「伝統的普通科・普通コース」「改革実施学科・コース」「伝統的職業系専門学科」の三つに分類し、これらの高校タイプと生徒の進路意識・職業意識との関連を分析している。[*68] 三タイプのうち、「改革実施学科・コース」では、「生徒の興味・関心に応じた指導に力を入れている」「将来の生き方を考えさせる指導に力を入れている」という傾向が他の二タイプよりも強くなっており、この「改革実施学科・コース」では「キャリア教育」に力点が置かれる場合が多いといえる。「改革実施学科・コース」に在学している生徒は、「学歴」や「成績」などを重視する度合いが他の二タイプと比べて低く、逆に「自分の興味・関心にそった進路」や「自分の将来の夢にそった進路」を選ぶこと、「自分の趣味・好きなことをいかせる仕事」に就くことを重視する度合いが高い。

この研究では、生徒が将来就きたい職業の中で、人気が高く(attractive)、稀少で(scarce)、学歴不問の(uncredentialized)職業を、各語の頭文字をとってＡＳＵＣ職業と呼んでいる。具体的には、俳優、ダンサー、ミュージシャン、デザイナー、作家、画家、プロスポーツ選手、マンガ家、メイクアップアーティスト、ゲームプログラマー、カメラマン、トリマーなどである。上記の「改革実施学科・コース」の中でも、とくに入学難易度が中下位に位置する高校の生徒は、他タイプと比べてこうしたＡＳＵＣ職業を志望する比率が高い。

また、「趣味・好きなことをいかせる仕事につく」ことを希望している生徒は、多くが

ＡＳＵＣ職業を志望している。この結果について荒川は、「好きなもの」にこだわって自己実現をしたいという意識がＡＳＵＣ職業への希望を生み出しているが、ＡＳＵＣ職業に就ける確率は実際にはきわめて低いため、「いざその職業につけず、他の職業に就こうとしたとき、何の学歴も資格もなく、職を得るのが難しくなってしまうという恐ろしさが潜んでいる」（八三頁）と述べている。「キャリア教育」が目的とする、自分の関心の明確化とそれに基づく将来選択は、このように大きなリスクを含む「夢追い型」進路志望をもたらしてしまうおそれがあることを、この研究結果は示している。

さらに、白井みなみは、東京大学教育学部比較教育社会学コースが実施した都立普通科高校生に対する調査データに、「自己実現教育」という観点から分析を加えている。[*69] 高校が「いろいろな進路の中から自分で選ぶよう指導している」と生徒が認識していることを「自己実現教育」変数とみなすと、「自己実現教育」を受けている生徒はそうでない生徒よりも、「社会的自己実現」意識（「社会の中で自分が果たすべき役割を見つけたい」）が高いが、同時に「進路選択不安」意識（「進路を自分で決めることに不安を感じる」と「進路の選択肢が多すぎると感じる」の回答を加算した尺度）も高い。

また、自己有用感（「自分には人よりすぐれたところがある」と「自分に自信がある」の回答を加算した尺度）が高い生徒の中では「社会的自己実現」と「進路選択不安」の間に関連は見られないが、自己有用感が低い生徒の間では、「社会的自己実現」意識が高い生徒ほど「進路選択不安」も高まる傾向がみられる。しかも、自己有用感が低い生徒の場合、「自己実現教育」を受けることによって、両者の関連はいっそう強まる（図4－4）。言い換えれば、自分に自信がない生徒は、社会の中で自己実現をしなければならないと強く思うほど、そうしたプレッシャーと自分の現状とのギャップによって、進路選択をめぐる不安が高まる傾向があり、それは自己実現についての高校からの要請が強い場合に、より顕著になるのである。

また、同じデータを用いて山岡直登は、「キャリア教育」を体系的に推進している高校とそうでない高校とを分類し、それが生徒の意識にいかに影響しているかを検討している。[*70]山岡は、高校への調査に基づき、対象校を「キャリア教育」を体系的に推進している「体系化校」とそれ以外の「非体系化校」に分類している。このような高校の体制と、生徒の職業意識との関連を分析したところ、将来の希望職種が決まっている生徒については「体系化校」のほうが「非体系化校」よりも「責任は重くても、やりがいのある仕事がしたい」という意識の高い生徒の比率が大きくなるが、将来の希望職種が決まっていない生徒の場合は、こうした「キャリア教育」の効果は見られなかった。「体系化校」の生徒の半数弱、「非体系化校」の生徒の半数強は希望職種が決まっていないことから、山岡は「キャリア教育」の体系的推進が生徒の「勤労観・職業観」に及ぼす影響は限定的であることを指摘している。

ここまで見てきたさまざまな調査結果が示唆しているのは、「キャリア教育」はその対象となる若者の「勤労観・職業観」や「汎用的・基礎的能力」を高めるという政策的意図に沿った結果をもたらすよりも、そうしたプレッシャーのみを強めることによって、むしろ若者の不安や混乱を増大させてきた可能性が強いということである。望ましい「勤労観・職業観」や「汎用的・基礎的能力」の方向性は掲げながらも、それを実現する手段を具体的に提供することなく、結局は「自分で

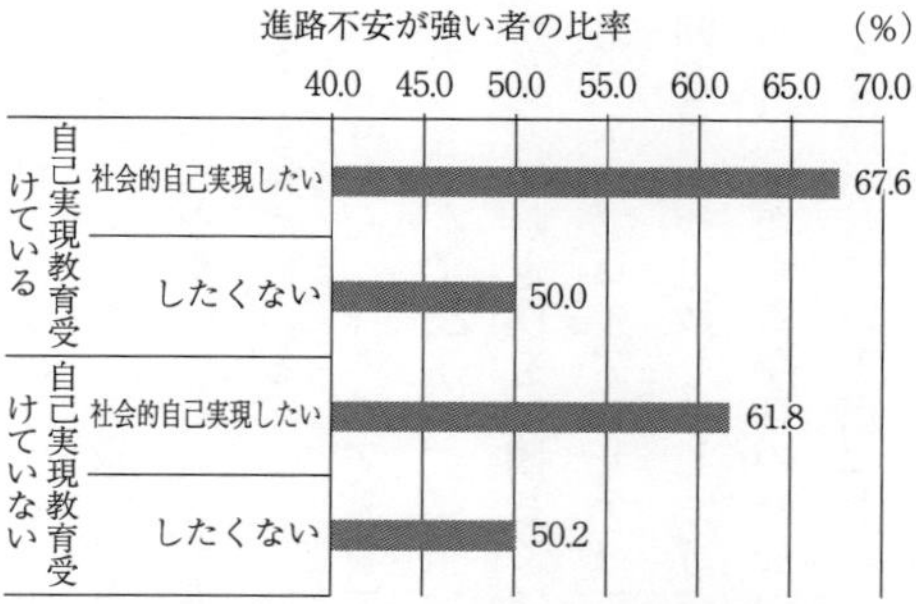

（出所） 白井みなみ「自己実現教育の負の効果」Benesse教育研究開発センター『都立高校生の生活・行動・意識に関する調査報告書』研究所報vol. 49, 2009年

図4－4 自己実現教育・社会的自己実現意識別 進路不安が強い者の比率（自己有用感が低い生徒）

考えて自分で決めよ」と、進路に関する責任を若者自身に投げ出すことに終わっているのが現在の「キャリア教育」なのではないか。それを無前提に称揚・推進し、将来につながる具体的な手段や武器を若者に与えることが疎かにされていることに対して、筆者は強い危惧を覚えている。

こうした「キャリア教育」への危惧は、むろん筆者のみのものではない。佐々木英一は、「キャリア教育」の二つの大きな問題として、第一に心理主義的傾向、第二にその範囲と対象の無限定性を指摘している。[*71] 前者は「労働市場・雇用問題を回避し、結果的に働く者の「エンプロイアビリティ」のみを問題にしている点」に、そして後者は「教育指導の範囲と対象が拡散してしまう危険性」、および人生観や労働観など「個々人の価値観にかかわり、激変する今日の社会の中で、簡単には答えの出せない大きな問題」を安易に目標として提示している点において、「決定的弱点」をはらんでいると、佐々木は述べている。

また、川喜多喬は、大学のキャリア教育の問題点として、①就職技法偏重、②安易な適職選択、③視野を狭める自己分析、④物見遊山気分の職業知識教育、⑤続く職業教育べっ視、⑥本人を責める職業倫理教育、⑦狭義のキャリア教育ではできない積極態度教育の七点を列挙している。[*72] その上で川喜多は、「まっとうな雇用・就業機会を用意できない社会、まっとうなキャリアを市民の権利として考えず「市場の原理」に任せようとするような社会に対する、ごく自然の抗議が、キャリア選択の前でたじろぐ学生の姿の意味するところのひとつではないか」（二二六頁）とも述べている。「キャリア教育」の推進から数年間を経て、こうした懐疑が教育現場や教育研究者の間に確実に広がり始めているのである。

†「キャリア教育」に代わる「教育の職業的意義」を

「キャリア教育」には、若者に対する為政者の願望が詰め込まれている。若者の進路選択や働き方、生き方に関するあらゆる理想を含みこむようなその無限定さのために、「キャリア教育」を面と向かって批判することは難しい。しかし、学校現場でその実施に当たろうとする教師にとっては、「キャリア教育」は雲をつかむように曖昧で、かつ大きな負担を伴うものと感じられている。勢い、実際の「キャリア教育」は、具体的活動としては職場体験や講演会などが単発的・断片的に行われるに留まる一方で、「自分で考えて自分で決めよ」という規範や圧力のみが高まる結果になっている。そうした圧力は、若者を、「決められない」ことへの不安や、華やかで流行りだが実現しにくい「夢」へと駆り立てるように作用している。

このような「キャリア教育」の現状を総体として見るならば、果たしてそれはよいことだといえるのか、大きな疑問が残る。苅谷剛彦は、「「自分らしさの追求」や自己実現という欲求は強化されるのに、それを達成する手段が社会に十分提供されていない状態を、「自己実現アノミー」と呼んで批判している。[*73] 同様に片瀬一男も、「現代社会は、新自由主義的な教育改革を通じて「個性の発揮」や「自己実現」を文化的目標にし、高校生のアスピレーションを高揚させながら、それを制度的手段によって実現すること（学校を卒業して個性を発揮できる仕事につくこと）を困難にしている。この意味において、彼ら・彼女らは、まさしくポストモダン社会におけるアノミー状況にさらされているのである」と指摘している。[*74]「キャリア教育」が、これらの論者の指摘するような「自己実現アノミー」を生徒に昂進する問題性を色濃くはらんでいることについて、その政策的推進を謳う者も、現場の教師も、反省的な認識を深める必要がある。

進路選択とは、若者が自分自身と世の中の現実とをしっかり摺り合わせ、その摩擦やぶつかり合いの中で、自分の落ち着きどころや目指す方向を確かめながら進んでゆくことだと筆者は考えている。そのようなしっかりとした摺り合わせが生じるためには、ひとつには職業人・社会人としての自分自身の輪郭が暫定的にでも一定程度定まっていること、もうひとつは世の中の現実についてのリアルな認識や実感、という二つの条件が必要となる。そのような自分の輪郭や現実認識を得る機会を若者に与えないままに、つまり選択のための手がかりがないままに、ただ選択を強いるという性質を「キャリア教育」はもっている。

筆者は、少なくとも高校以上の教育段階においては、特定の専門領域にひとまず範囲を区切った知識や技術の体系的な教育と、その領域およびそれを取り巻く広い社会全体の現実についての具体的な知識を若者に手渡すことが、上記のような摺り合わせを可能にすると考えている。

ただし前者については、その場合の専門領域の区切り方が、あまりに狭いものであってはならないことは確かである。その領域内部で、ある幅をもった選択が可能であるように、また、摺り合わせた結果、その領域ではなく他の分野への進路の変更が生じた場合にも、転換が可能であるように、教育課程が設計されている必要がある。そのような柔軟性と幅を備えた専門教育こそが、若者を教育の外部の世界へと導き着地させる上で有効な、「職業的意義」ある教育だと考える。

また、後者については、筒井美紀が指摘するように、若者に労働の実態・制度・構造に関する厳然たる知識を伝え、「事実漬け」にすることが有効である。[*75] 筒井は、大学生に対する調査データの分析から、「労働の実態・制度・構造に関する知識の摂取が不足しているほど、成果主義を信奉するほど、労働行政の役割を等閑視するほど、将来の就労に自信があるほど、自己責任論に賛成である」という結論を引き出している。その上で、「〈キャリア教育〉に熱心に取り組んでいる教員や外部講師の方々は、意図せざる結果としてこれ（自己責任論を素直に内面化した「新自由主義市民」を育てること　引用者注）に加担してしまっていないかどうか。自問されてみる必要があるのではないか」と問いかけ、それに代えて、「労働世界の構造的・制度的なありようを凝視させるべきではないか」と提起している。

筒井の言う「事実漬け」は、労働の世界全般についても必要であるが、若者にとってとくに切実なリアリティをもつのは、彼らがこれから目指し入ってゆこうとする、特定の仕事領域や分野に関する「事実」であろう。それを若者の関心を引き出す契機とし、そこから外に同心円状に広がる労働の世界全体についても「事実」を伝えてゆくことが、「職業的意義」のある教育の重要な要素となる。

浮わついたスローガンや理念から、地味でも着実で堅牢な知識・技術へと教育現場を引き戻すこと、それによって若者を外の世界に向けての〈適応〉と〈抵抗〉の両面で力づけること、そのような意味での「職業的意義」の中身についての具体的な検討と実行へと歩を進めること、それこそが今、急いで取り組まれるべき課題である。

註

＊60 「キャリア教育」の前史とその政策的推進については、児美川孝一郎『権利としてのキャリア教育』(明石書店、二〇〇七年)に詳しい。

＊61 ただし、二〇〇九年六月二九日に開催された第一一回キャリア教育・職業教育特別部会の配布資料「審議経過報告(案)」においては、「キャリア教育」は「社会的・職業的自立に向け、必要な知識、技能、態度を育む教育」とされており、定義からは「職業観・勤労観」という言葉がなくなっている。しかし、同「報告(案)」では、「社会的・職業的自立、学校から社会・職業への円滑な移行に共通し

て必要な能力等」として「能力（態度・行動様式）：コミュニケーション能力、粘り強さ、課題発見・課題解決能力、変化への対応力、協調性、共に社会をつくる力、健全な批判力、段取りを組んで取り組む力　など」および「価値観：勤労観、職業観、倫理観　など」があげられており、やはり「キャリア教育」に関する基本的な考え方には変化が見られない。

＊62　筆者は、こうした能力が強調されるような社会状況を「ハイパー・メリトクラシー」と呼んで批判的に議論してきた。詳しくは、本田由紀『多元化する「能力」と日本社会』ＮＴＴ出版、二〇〇五年、および本田由紀『軋む社会』双風舎、二〇〇八年を参照。

＊63　日本進路指導協会『キャリア教育の推進のための中学校進路指導の現状と課題』二〇〇六年

＊64　http://benesse.jp/berd/center/open/report/gakusyuu_jittai/2008/index.html

＊65　リクルート『キャリアガイダンス』No.25、二〇〇九年一月号

＊66　http://benesse.jp/berd/center/open/report/shinrosentaku/2005/index.html

＊67　http://shingakunet.com/career-g/data/data/20080414_report01.pdf

＊68　荒川葉『「夢追い型」進路形成の功罪』東信堂、二〇〇九年

＊69　白井みなみ「自己実現教育の負の効果」Benesse 教育研究開発センター『都立高校生の生活・行動・意識に関する調査報告書』研究所報 vol.49、二〇〇九年

＊70　山岡直登「キャリア教育は職業的社会化機能を果たしているのか」Benesse 教育研究開発センター『都立高校生の生活・行動・意識に関する調査報告書』研究所報 vol.49、二〇〇九年

＊71　佐々木英一「現代における職業指導の役割と課題――ノン・キャリア教育の構築」斉藤武雄他編著『ノンキャリア教育としての職業指導』学文社、二〇〇九年、四-七頁

＊72　川喜多喬「学生へのキャリア支援：期待と危惧と」上西充子編著『大学のキャリア支援――実践事例と省察』経営書院、二〇〇七年

＊73　苅谷剛彦『学力と階層――教育の綻びをどう修正するか』朝日新聞出版、二〇〇八年、三〇五頁

＊74　片瀬一男『夢の行方――高校生の教育・職業アスピレーションの変容』東北大学出版協会、二〇〇五年、二二六頁

＊75　筒井美紀「大学の〈キャリア教育〉は社会的連帯に資するのか？」『現代の理論』二〇〇九年新春号

第5章

「教育の職業的意義」の構築に向けて

†職業教育の不振・職業教育への不信

あるシンポジウムで、筆者が専門高校に対する肯定的意見を述べたところ、そのシンポジウムへの感想を募るために聴衆に配布・回収されたアンケート用紙の中に、以下のような記述があった。

専門高校では就職しやすい従順さを調教する傾向が濃厚であり、「あいさつできれば就職できる」といった洗脳、専門科目も調教の手段として検定を煽り、「ビジネス基礎」という徳目科目まである。生徒は、反戦反差別等は「もっと頭のよい別の人」が考えればよいという意識となり、自らを単なる労働力とみなし、就職先も自宅からの距離で選ぶ等、自尊感情破壊が顕著である。（中略）職業教育を言う人には、労働基本権などの教育以外に、企業に適応し、採用されやすい「人材」になる教育もほのめかす傾向があるようだ。なぜ「すべての生徒に市民的教養を」と言えないのか？

ここには、日本における職業教育に対する典型的な見方のひとつが表れている。普遍的な「市民的教養」を賛美し、職業教育とは企業や労働市場にひたすら〈適応〉を強いるものだとする見方である。本書の第2章で述べたように、過去を振り返れば、近代日本における職業教育には〈適応〉的性格が強い時期が確かに長く存在した。現代の教育現場にも、そうした体質が色濃く残っている場合がむろんあるだろう。そして、職業教育とは本質的にそういうものでしかありえないという通念と、それゆえの職業教育への蔑視や不信が社会全体に総じて色濃いがゆえに、「普通教育」が大勢・主流であり尊重されるような教育システムが形づくられて、今にいたっているのである。

しかし、だからといって「教育の職業的意義」すべてを否定してしまうことは、たらいの水とともに赤子も流してしまうことに等しい。第1章で述べたような若年労働市場の荒廃という現実をしっかりと視野に入れるならば、現状への〈適応〉のみならず〈抵抗〉の基盤ともなりうるような「教育の職業的意義」を鍛えることの不可欠さは、疑うことができない。

また実際に、現状の職業教育が、前述のような否定的側面ばかりを備えているわけではない。同じアンケートには、以下の記述もある。

本田さんの話の中で、専門高校を見直すことのご発言があり、自分の経験からも共感できるものでした。入学時には、中学校の担任にここしか入れないと言われて来たという生徒達ですが、だからこそ大人を見抜く目が鋭いものです。教員が誠意を持って授業をしていく中で、専門性の高い授業を受ける中で、自信を深める姿を見ることができました。専門高校に限らず、普通高校においても、職業や労働者の権利について学ぶ事の大切さを痛感しました。

日本社会の中でも、一部には「職業的意義」をもつ教育機関が存在しており、学習者や卒業者から相対的に高い評価を獲得していることについては、第3章でも触れた。筆者らの研究チームが東京都の専門高校生に対して実施した最近の調査結果からも、高校段階で職業専門教育を受けることが生徒にとってさまざまな意義をもち得ていることを示す知見が得られている[*76]。高校入学前の諸条件を統制して専門高校生と普通科高校生を比較すると、前者は学習意欲や教師への信頼、教育の意義の実感などが明らかに高い水準にある。しかも、自分が身につけた専門性への自信は、その専門分野以外の領域への学習意欲にもつながっており、さらには政治への関心や参加意欲の高さとも関連をもっている。

ただし、専門高校を対象とする他の調査データでも、必ず上記のような結果が出ているわけではない。たとえば、友枝らが二〇〇七年に行った福岡県の高校生に対する調査の分析結果では、専門高校生は「フリーター志向」や「進路基準が不明」などの要素を含む「脱近代的職業観」が強く、「政治的有効性感覚」は低く、「権威主義」の度合いは高い。[*77]

それゆえ、実態を把握するための調査研究がもっと蓄積される必要があるのであり、職業教育のポジティブな諸効果に関する安易な即断は危険であるが、それは逆に言えば、職業教育へのネガティブな決め付けもまた危険すぎることを意味している。職業教育の現状は、地域や教育機関などによって大きな多様性を含んでいるし、またいかなる現状であっても無条件に賞賛できるわけではもちろんない。我々は、現状の中に手掛かりを探りながら、新しく「教育の職業的意義」を構築していかなければならない段階にある。

†教育学の閉塞

「教育の職業的意義」を低く見る発想は、本章冒頭の引用にも表れていたように、社会全体に蔓延しているだけでなく、教育を対象とする学問であるところの教育学の中にも、はっきりと観察される。

戦後日本の教育学は、政治システムや経済システムに対抗して教育システムの自律性を確保することに力を注ぐあまりに、「無限の発達可能性」「人権としての学習権」といった教育学独特の理念を掲げてきた結果、外部社会や他の学問領域とのつながりを失って自閉してきた。[*78]

そうした経緯への反省から、近年の教育学においては、教育外部の社会と教育との関わりのあり方が、あらためてテーマ化されるようになっており、そうしたテーマへの解のひとつとして主張されているのが「シティズンシップ教育」である。「シティズンシップ教育」という考え方においては、政治的発言力をもつ「市民」の育成が最重要の理念として掲げられており、言わば「教育の政治的意義」に重点が置かれている。「教育の政治的意義」を重視する「シティズンシップ教育」論では、「教育の職業的意義」に関する顧慮が少なく、あるいはむしろ退けるようなニュアンスで語られる場合も珍しくない。

たとえば「シティズンシップ教育」の代表的な提唱者のひとりである小玉重夫は、著書の中で、「政治的な自立の課題と職業的な自立の課題を、関連しあいながらも相対的には別個の性格をもつものとしていったんは分節化してとらえたうえで、公教育の教師の仕事を、主として政治的な自立の課題に焦点化することを考えるべき時がきたように思われる」と述べている。[79] また小玉は、別の論考では、「「無能な者たちの共同体」としての政治と強く結びついた教育というものを考えることができないだろうか」とも問いかけている。[80] すなわち、何かに習熟すること、できるようになることをめざす教育は「有能な者たち」のための教育であるのに対して、小玉は、「医者にならなくても医療問題を考えること、大工にならなくても建築問題を考えること、プロのサッカー選手にならなくてもサッカーについて考え批評すること、そして官僚にならなくても行政について考え批評すること」といった例をあげ、そうした誰にでも開かれた、「無能な者たち」のための教育が重要であると論じている。

「教育の政治的意義」と「教育の職業的意義」の、いずれがより重要であり優先されるべきか、といった議論が、一般社会から見れば馬鹿馬鹿しいことは言うまでもない。にもかかわらず、ここで「シティズンシップ教育」論にこだわるのは、それを掲げる教育学において、暗黙裡に「政治的意義」の方に価値が置かれ、「職業的意義」を全否定はしないながらも低く見、議論の埒外に置く傾向が看取されるからである。たとえば小玉は、前掲の著書において「もちろん、学校教育が今後も進学や就職、職業準備教育など、職業人としての経済的な自立の援助に重要な役割を果たしていくことは十分に期待できる」と述べながらも、続けて「だが、この課題を担う機関は決して学校だけに限られるものではなく、高等教育の諸機関や社会教育、NPO(非営利法人)、民間の諸機関やネットワークなど、広く、多様な形で用意されることが望まれる」とし、やはり学校教育の本義としてシティズンシップ教育を強調する見方へと議論を引き戻す。[*81] また小玉は、前掲の論考では「職業と結びついた専門的知識や技能を、市民化された批評的知識へと組みかえていくこと」を主張しているが、「職業と結びついた専門的知識や技能」のための教育がいかにあるべきかについては議論していない。

しかし、完全にあらゆることについて「無能」でありつつ政治的にのみ発言するような「市民」は想定しがたい。シャンタル・ムフが述べているように、「政治的なもの」が個人の立場性やその敵対性を不可欠な基盤とするのであれば、そうした立場性を欠いた一般的な「政治性」を、まだ社会に出る前の子供や若者に埋め込もうとする企図は、挫折を余儀なくされるはずである。[*82]

また、人々の「無能さ」を基盤原理とするような教育理念は、教育に対する社会の人々からの期待や要求とも乖離していると考えられる。小玉の議論においても、何らかの側面で何らかの程度「有能」であることを目指す教育が存在し必要であることを前提とした上で、それ以外の「無能」な面でも考えたり発言したりしてゆく政治性の確保が主張されているのである。

それゆえ、何かに習熟すること、何かができるようになること、何らかの領域で何らかの程度「有能」たりうることのための教育、つまり「教育の職業的意義」というものを放棄することができないのであれば、それをいかにしてよりよいものとしてゆくのかという課題を、教育学は正面から引き受ける必要がある。「教育の政治的意義」へと迂回する教育学は、そのような泥臭い課題に取り組むことを避け、高尚で耳触りのよい「シティズンシップ教育」に再び閉じこもろうとしているようにも見受けられる。

†社会学からの提起

他方で、社会全体、とくに労働市場の流動化や不安定化の進行という現象を議論の中心に据えている社会学者の中からは、それらの問題への対抗策として、職業的専門性を掲げる議論が現れている。

たとえば、名著『公共性の喪失』で知られるリチャード・セネットは、『それでも新資本主義についてゆくか――アメリカ型経営と個人の衝突』に続く近著『不安な経済／漂流する個人——新しい資本主義の労働・消費文化』（原題：*The Culture of New Capitalism*）において、グローバルな労働供給、オートメ化、高齢化という三つの要因が、現代人にとって〈不要とされる〉ことへの不安と脅威を著しく高めていると指摘している。*83

そしてセネットは、〈不要とされる不安〉に対抗する原理のひとつとして、「職人技」(craftsmanship) をあげる。「職人技」は普通、ヴァイオリンや時計や陶器などの製作に関わる言葉として用いられるが、セネットはこの定義では狭すぎるとし、それに代えて次のような独自の定義を与えている。「職人技の包括的定義は次のようなものとしてはどうだろうか。それ自体をうまくおこなうことを目的として何ごとかをおこなうこと。あらゆる分野の職人技には自己鍛錬と自己評価が欠かせない。規範が重要であり、質の追求が目的となっていることが理想である」（二〇七頁）。

このような意味での「職人技」は、流動性や器用さ、柔軟さ、新奇さに高い価値を置く新しい資本主義には欠如した、「根本的美徳」をもっていると、セネットは述べる。その「根本的美徳」とは、仕事の内容そのものに対するコミットメント（専念、関与）である。「私欲を超えたこうしたコミットメントほど——私はそう信じるのだが——人々を感情的に高揚させるものはない。それがなければ、人間は生存するための闘争だけに終始することになるだろう」(一九八頁)。「職人技」は、ある種の狭さや可能性の限定を伴っていることをセネットは認めながらも、すべての可能性を自由に追求せよという新しい強大な圧力のほうが、むしろ我々を生活への結び目から切断するものだと論じている。

この「職人技」に加えてセネットは、「物語性」(narrative)、「有用性」(usefulness)という二つの要素をも、〈不要とされることへの不安〉への対抗策として掲げている。「物語性」とは、「出来事を時間のなかで結びつけること、経験を積みあげていくこと」であり、そうした継続性や持続性は、やはり新しい資本主義組織には欠落したものである(一八七頁)。経験を長きにわたって縫い合わせてゆくために必要な具体的な社会装置として、セネットは、進歩的労働組合、ワークシェアリングおよび基本所得をあげている。これらを通じて長期的な展望を保障されたとき、人々は「物語的主体」として、自らが生きている時間経験を解釈することが再び可能になる(一九一頁)。また、もうひとつの「有用性」とは、仕事の価値に対する他者からの、とくに公的な他者からの承認を意味する。セネットは、公益性の高い仕事や家庭での無償労働に対して、国家が地位(status)と報酬を与えることを提唱している。

これら、「職人技」「物語性」「有用性」という三つの要素が、〈不要とされることへの不安〉の中を生きる労働者にとっての「文化的な錨」となる。セネットは言う。「彼らにもっとも必要なのは精神的、感情的な錨なのだ。彼らにも職場での変化、特権、権力を測る価値観が必要なのだ。端的にいえば、彼らには文化が必要なのだ」(一八六頁)。

また、『リキッド・モダニティ』によって「液状化する近代」の諸問題を論じたジグムント・バウマンは、『新しい貧困――労働、消費主義、ニュープア』(原題：*Work, Consumerism and the New Poor*)において、消費者を絶えず新たな刺激と誘惑にさらしつつ、「人間廃棄物」としての余剰労働力を生み出し続ける後期近代の消費社会の諸相を記述した上で、前述のセネットと同様に「職人の倫理」の復権を説いている。[*84]

労働を、市場中心の打算やそれらが課す制約から解き放つためには、労働市場の作業の中で形成される労働倫理を、職人の倫理に置き換える必要がある。ソースタイン・ヴェブレンがはるか昔に指摘したように、職人の本能は(近代の発明である労働倫理とは違って)人類の自然な性向である。人類は創造的な存在であり、一つの値札が、労働を非労働と、骨折り仕事を無為と切り離すと考えるのは、人間の品位を汚すものであり、そうした値札がなければ人間は怠惰なままであり、自分たちの技能や想像力を腐らせ、錆びつかせてしまうと考えることは、人間の本性をひどく損なうものである。職人の倫理はそうした人間の本性に、近代資本主義社会で形成され、確立された労働倫理が否定した、尊厳や社会的に承認されることの意義を取り戻すことになろう。(二二五-二二六頁)

このように、世界的に社会学をリードする論者たちが、労働市場と社会生活の中で進行する深刻な諸問題を直視したその先に、「職人技」「職人の倫理」という、職業的専門性に関わる概念に言及していることは、きわめて興味深い。そのような見解を、それは欧米的な発想だ、として一蹴することは、いかにも容易《たやす》い。しかし、地球規模で市場化と商品化が席捲し、無限の選択肢に向けての駆り立てと、冷酷な排除が表裏一体となって進行する中で、それらに抗して一定の堅牢な生活と尊厳の基盤を、「仕事の内容そのものへのコミットメント」に求めようとすることは、十分に考えられ得る方向性である。それは個々人が何者であり、世界に対して何をなしうる存在であるかについて、暫定的な輪郭を与えることになるからである。

今、「暫定的な輪郭」と書いたことに注意を向けていただきたい。誤解を生まないよう付言しておくならば、ここで「職人技」「職人の倫理」といった社会学者たちの提言を肯定的に受け止め紹介しているからといって、それは文字通り昔風の頑固一徹な、ものづくり「職人」の蘇りを提唱しているということではむろんない。「職人」という表現はひとつの比喩であり、それによって喚起される職業的専門性のイメージを利用しているにすぎない。

後述するように、現代の職業的専門性は、あくまで柔軟性を包含していることが必要だと筆者は考えている。弾性と開放性をもつ「暫定的な」職業的専門性を、「とりあえず」身につけること、そこを言わば基地として、隣接領域やより広範な領野への拡張を探索してゆくこと、それが後述する「柔軟な専門性」である。それは、展開のための初発の基盤すら欠如している状態とは、大きく異なる。顔のない抽象的な「市民」へと一足飛びに向かうのではなく、顔をもつ「仕事・活動の担い手」としての足場をまず確保し、そこからより広い世界へと歩を進めるとともに、世界を問い直す目を育ててゆくという筋道は、妥当なものであると考える。そして、そのような足場としての職業的専門性の形成に貢献する機能の一部は、教育も担う必要がある。

†〈適応〉と〈抵抗〉の両面を

再び現下の日本社会に目を転ずれば、とくに近年、貧困問題や労働運動・社会運動に深く関与する立場から、社会の現状への〈抵抗〉を専ら謳う論が見られる。たとえば、主に非正規労働者の側に立って活発な労働運動を繰り広げている河添誠は、下層の労働現場に追い込まれ何度も解雇に遭遇している労働者層の中に、どうしようもなく「不器用な」人々が含まれているという事実を指摘し、それを踏まえて「不器用な人は解雇されても仕方がないのか?」と修辞的に問いかけている。[*85] この問いに対して、河添は次のように答える。

階層化された労働市場の中で、日々、不当な解雇、違法な賃下げは起こり続けている。「不器用な若者」が職場のトラブルに遭遇したとき、それに対応ができる能力をこそ育てる必要がある。それは、まず、労働者の権利の知識——雇用契約書の読み方、社会保険・雇用保険の知識など。そして、違法行為があったときに、どう問題解決に向かうのかについての知識——である。それをできる限り具体的に身に着けることが決定的に重要である。（中略）解雇されながらも生きていくノウハウこそが必要ではないか。

本書で繰り返し述べてきたように、筆者も、「教育の職業的意義」には〈抵抗〉の側面が不可欠であると考えている。それゆえ、河添の提起には同意する。しかしその上で、河添が「不器用さ」を固定的で不変のものと捉えていることに対しては、先述した「無能さ」を前提とする「シティズンシップ教育」論に対するものと同種の違和感が残る。上記の河添の問題提起に続く、河添誠・湯浅誠との鼎談において、筆者は次のように述べた。長くなるが再掲する。

…そのような、「不器用さ」を不可避的に生み出してしまうような社会環境に目を向けるならば、「不器用になっちゃった子を器用に変えるのはできない、無理」と言いきってあきらめてしまっていいのだろうかという気がします。もし現代社会の「器用さ」にたいする要求というものを全否定することができないのであれば、ある程度、「器用さ」へと接近しうる方向に子どもたちを本気になって育てていくための社会的な環境整備というのは、わたしはされてもいいと思います。つまり、わたしは、環境や経験によって人間が変化しうるということへの希望を、完全には捨て切れないんです。もちろん、そのような社会的な努力が本気でなされたとしても、みんながみんな完璧に「器用」になれるわけではないのはたしかですから、大半の人間に多かれ少なかれ残るはずの「不器用さ」をどうするかということが次の課題になります。

「不器用」でも生きていけるようにするためには、河添さんがおっしゃるように、解雇されたときに抵抗する術を教えるだけでは、やはり限界があります。抵抗だけでは個人はつぶれてしまう。抵抗とは逆のベクトルである、適応の可能性を奪ってはならない。両方のバランスが必要なんです。だから、仮に「不器用」な子であっても、ある特定の領域や分野ではちゃんと発揮できるような力、それによって食べていけるような力―部分的・限定的な「器用さ」と言ってもいいかもしれませんが―を彼らが身につけることができるような環境や経験の場を用意する必要があります。それと同時に、その力をきちんと尊重する職場をつくっていく必要がある。そのような力が、言葉足らずかもしれませんが、わたしのいう「専門性」なんです。「専門性」という言葉を使わなくてもいいですが、「不器用」でも、ある範囲のことはちゃんとできる、十分に貢献することができるというような仕事の切り分け方と、切り分けた範囲での達成をただしく承認するような、そういう働き方を組み立てていく必要があります。

そういう考えから、わたしは具体的で領域固有な職業能力としての「専門性」ということを、高校レベルでも、大学レベルでも、もっとしっかり与えることが必要だと思っています。「専門性」によって「不器用さ」をカバーし、気がついてみるといつの間にかかなりの「器用さ」も身についている、といったようなプロセスが望ましいし、むしろそういうケースが一般的ではないかと思います。でも、政府も企業も、「意欲」だ、「熱意」だ、「コミュニケーション能力」だと、煙に巻くような抽象的で手前勝手な要請ばかりを若者に突きつけ続けていて、そのための具体的な手段や措置を整える責任は放棄していることにたいして、すごく腹が立っています。[*86]

筆者の基本的な見解は、ここでの発言以後も変化していない。本書の第4章でも論じたように、一方では、あくまで労働市場や社会への〈適応〉を若者に要請する「キャリア教育」などの動きが盛んであり、他方では、それへの反作用として〈抵抗〉のための運動が一部で始まっている。〈適応〉と〈抵抗〉は、ローマ字で書けばTEKIOUとTEIK

OUであり、IとKの場所が入れ替わっただけであるが、個人と環境との関係性に関するベクトルとしては、正反対の方向を意味している。すなわち、〈適応〉は、自分を変えて環境に合わせてゆく方向であるのに対して、〈抵抗〉は、自分が正しいと考える状態へと環境を変えてゆく方向である。

しかし、個人は環境と自分を摺り合わせながらでしか生きていけない。ひたすら自分を変えようとしても、逆にただ環境に異を唱えてばかりいても、いずれも環境と自分の関係性としてはいびつで偏ったものとなってしまう。あくまで、〈適応〉と〈抵抗〉の両方が必要なのだ。

〈適応〉についてさらに言えば、個人の〈適応〉性を高めるような環境整備とは、鞭で追うようにして無理やり変化を個人に要請することではまったくない。すべての個人がもつ変化への潜在的可能性、言わば存在の「余白」のようなものを信じつつ、伴走しながら望ましい方向への変化を促し、結果として本人が気づかないうちに変化が生じているような状態を、綿密な配慮と意図を以て作り出すことである。そのような変化が学習者に生じるためには一定の時間がかかるし、慎重に組み立てられた体系的な働きかけとしてのプログラムやカリキュラムも必要とされる。さらに、働きかける側の包摂的で許容的な態勢も不可欠である。

しかも、〈抵抗〉を有効なものとするためにも、〈適応〉は役立つ。職場にとって失いたくない労働者からの発言は、働かせる側を動かす可能性が、より大きいからである。現実世界にある程度の〈適応〉を示し、地に足の着いた生活者として役割を果たしながら、その場所から、不当な環境に対しては〈抵抗〉してゆくという振舞いこそが、その個人にとっても、社会にとっても、もっとも有効なあり方だと筆者は考える。

しかし日本社会では、〈適応〉と〈抵抗〉を両輪とし、社会や市場に向けて個人を準備させた上で送り出す機能をもつ機関や場はきわめて手薄である。それゆえ、教育が（も）そのような機能を拡充させることが求められているのである。

†「戦後日本型循環モデル」の問題性とその崩壊

本書の第1章で述べたように、九〇年代以降の日本の労働市場、とくに若年労働市場は、正社員・非正社員のいずれについても、それぞれ異なる意味での過酷さを強めている。九〇年代初頭以前の「日本的雇用」が広範に復活することを可能にする諸条件が、もはや失われていることは、第2章でも論じた。そのような状況であるにもかかわらず、いや、そのような状況だからこそ、近年の日本社会において「日本的雇用」への郷愁や希求は強まっている。

継続して実施されている意識調査においては、離転職や「フリーター」への支持が〇〇年代後半にかけて著しく低下し、逆に、長期勤続や年功賃金への支持が直線的に高まっている。このような意識は、そうした安定的な雇用が稀少化しているがゆえの、言わば「反実仮想」的なあこがれであると、筆者は解釈している。

しかし、もう状況が変化しているにもかかわらず、現下で生じている労働市場の荒廃に代わるものとして、過去の「日本的雇用」しか想起することができないところに、日本社会の隘路がある。むろん、第2章でも言及した経済同友会のような、変革への提言も、各所から上がり始めている。しかし、為政者や経営者の一部にはそのような認識が現れ始めていながらも、人々の大勢の中に同様の発想が浸透しているようには見受けられない。

今必要なのは、高度経済成長期から九〇年頃までの社会モデルの復活を期待することはもう現実的に不可能であり、また、過去のモデルそのものにさまざまな重大な諸問題が含まれていたからには、そこからの訣別を図るしかない、という考え方が、社会に広く共有されることである。いうなれば、過去への「見切り」と、今後の社会を設計し作っていく

「決断」が、喫緊に求められているのだ。

この点について、筆者はすでに「戦後日本型循環モデル」という概念モデルを用いて、戦後日本におけるその形成、矛盾の顕在化、および崩壊というプロセスを論じてきた。[*87] すなわち、高度経済成長下の日本社会では、教育・仕事・家族という三つの社会領域が、それぞれのアウトプットを次の領域へと注ぎ込む太い矢印によって緊密につながれるという形の「循環モデル」が形成されていた(図5-1)。

教育から仕事に向かう矢印の中身は、「新規学卒一括採用」という固有の慣行によって、生徒・学生という立場から正社員という立場へと、スムーズに移行を遂げる新規学卒者であった。それは、高校や大学が卒業者に対する就職先斡旋機能を法的に認められていたことを背景とし、また労働市場から新規学卒者への高い労働需要にも支えられていた。

しかし同時に、この矢印があまりに太く発達したことは、「教育の職業的意義」を含む学習内容そのものの意義を、むしろ掘り崩すように働いていた。第2章でも述べたように、「新規学卒一括採用」という、教育機関から企業への組織間移行のルートが社会に定着したことと表裏一体の現象として、実質的な職業能力形成については、移行後の企業内部で主に行われるようになったからである。職業人としてはきわめて未熟な状態の新規学卒者

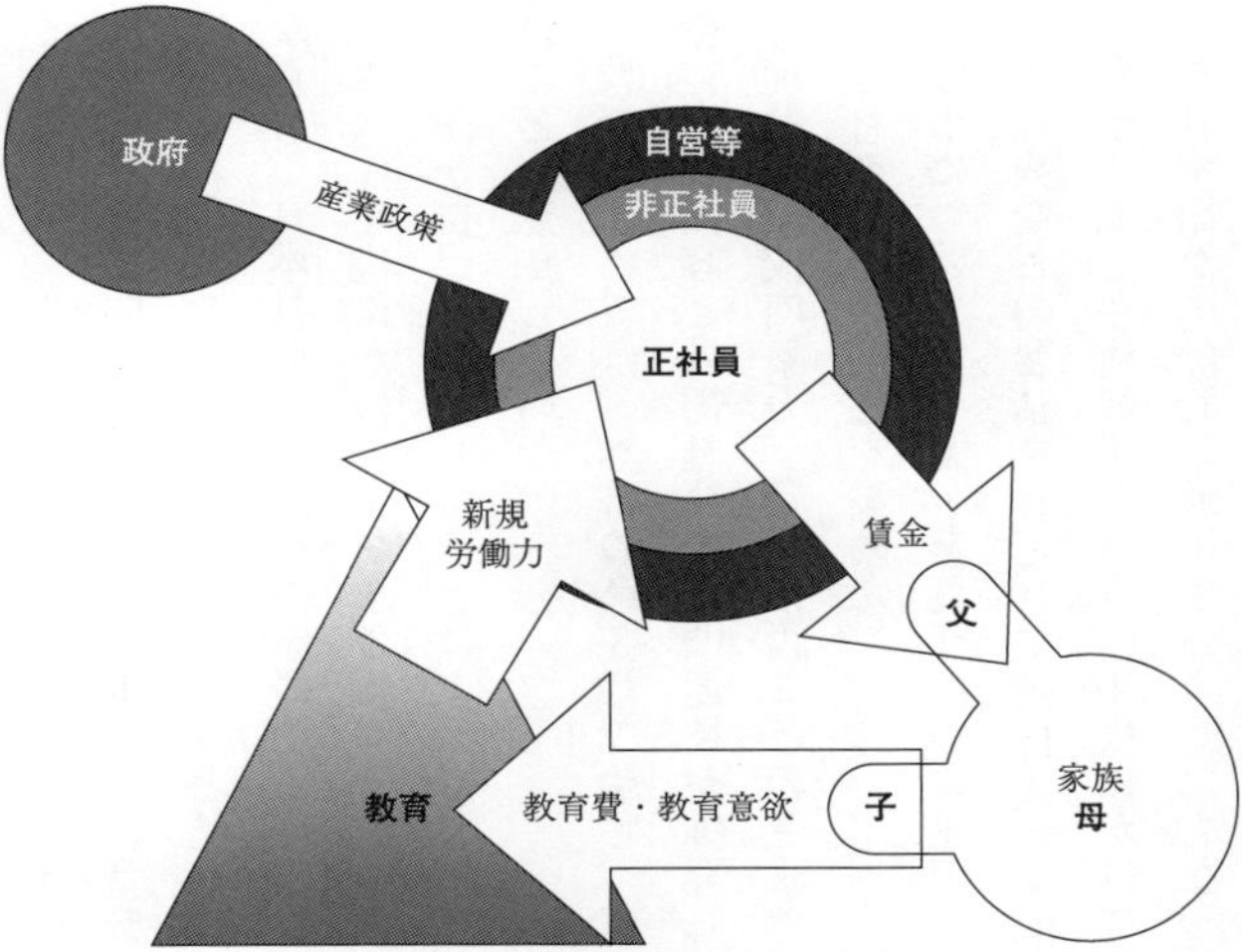

図5−1　戦後日本型循環モデル

が、教育機関と企業との間で受け渡され、彼らの育成については企業が責任をもつというしくみを、筆者は「赤ちゃん受け渡しモデル」と呼んでいる。[*88] これは、第3章で言及した金子元久による「Jモード」という概念とほぼ重なる内容を、よりわかりやすい比喩で表したものである。「赤ちゃん受け渡しモデル」は、教育機関が職業能力を若者に手渡し、若者がそれを支えとして自ら労働市場に飛び込んでゆくという、欧米の「棒高跳びモデル」（金子の言う「職業知モード」）とは、対照的なしくみである。

また、他の二本の矢印、つまり仕事

から家族に向かう太い矢印の中身は「日本的雇用」下での安定雇用と年功賃金であり、家族から教育に向かう太い矢印の中身は教育費と教育意欲であった。このように、三つの領域がそれぞれの太い矢印でしっかりと結ばれた循環構造は、一見きわめて効率的でありながらも、日本社会が石油危機を経て高度成長期から安定成長期に入った一九七〇年代後半から八〇年代にかけて、さまざまな矛盾を内包しはじめていた。それは言わば、それぞれの矢印が自己目的化したことによって、教育・仕事・家族という各領域の内部が空洞化したことを意味していた。

教育については、本書の第3章で論じ、直前でも触れたように、学ぶことの意味・意義や、学習内容と外部社会との関連性が揮発してしまっていた中で、受験競争、落ちこぼれ、管理教育、校内暴力、登校拒否などのさまざまな教育問題が、七〇年代から八〇年代にかけて社会からの関心を集めた。

仕事についても、妻子を養うための雇用と賃金と引き換えに、雇い主からの部署や勤務地の転換などの要請を甘んじて受け入れる働き手を意味する「会社人間」「社畜」などの言葉が、七〇年代後半から八〇年代にかけて世論を賑わせた。八〇年代には「過労死」という日本語が国際的に通用するようにもなっていた。自分が追求したい仕事やキャリア、あるいは生活や生命さえも犠牲にして働く労働者像が、この時期の仕事領域には溢れていた。それは、男性は稼ぎ手であり女性は家庭を守るという、性別役割分業とも深く関係していた。

そして家族についても、八〇年前後には、やっと手に入れたかに見えた「マイホーム」の虚構性や家族関係の崩壊を物語るドラマ・映画・小説などの作品や、親子間での陰惨な事件が集中的に現れている。次世代である子供の教育的・社会的地位達成に注力することで、ようやく表面的な凝集性を保ちながらも、その注力が逆に成員間の親密さを阻害したり、あるいは達成への圧力が高まりすぎて内部から破綻を迎えたりするような、脆弱な家族像がこの時期に広がったのである。

このように、「戦後日本型循環モデル」は、多くの問題を内包しながらも、九〇年代初頭までは自己運動的に作動を続けていた。しかし、九〇年代以降には、この循環構造の包摂力がいっきに衰えることになる。バブル経済の崩壊は、その直接の契機として重要であったが、それのみが原因であったわけではない。産業構造・経済環境の世界的かつ不可逆的な変化に伴う労働力需要の量的・質的変化が、「戦後日本型循環モデル」崩壊の根源的な背景となっており、景気変動と世代別人口構成の凹凸の時期的合致が、それを後押しした。

その結果、最初に変化が顕在化したのは仕事の世界においてである。従来の「日本的雇用」が該当しない層が著しく増大したことに伴って、教育から仕事への矢印、仕事から家族への矢印も連動して変容を遂げた。いまや、かつての循環構造に入り込めない人々が、若者をはじめとして広い年齢層に、膨大に現れるようになっている。

戦後日本社会の来歴をこのように把握するならば、「戦後日本型循環モデル」の復活を希求することは、もはや可能なことでも望ましいことでもない。社会領域間の関係を、これまでとは異なる形で組み替えてゆく以外に、この社会の将来への展望はない。組み替えの基本的な方向性は、「戦後日本型循環モデル」が内包する問題であった、領域間をつなぐ矢印の自己目的化と各領域の空洞化を克服するために、各社会領域の固有の存在原理――学ぶ意味、働く意味、愛情の意味――を取り戻した上で、互いのそうした原理を尊重しあうような関係性を領域間に構築するということにある。

仕事と家族、家族と教育の関係はもちろん、教育と仕事との関係についても、この方向性に沿った形での組み替えが求められている。従来の「赤ちゃん受け渡しモデル」が当てはまらない層が増大しているのであれば、教育と仕事との間を移行する若者を「赤ちゃん」扱いするのではなく、働き手としての基礎的な装備を教育の領域内で与えた上で、仕事の領域へと送り出す必要がある。筆者が提起する「教育の職業的意義」は、社会全体の循環構造を組み替えてゆくパズルの重要なピースなのである。

†「柔軟な専門性」

それでは、「教育の職業的意義」を、いかにして構築してゆけばよいのか。それを考える上で、とくに〈適応〉の側面の内実について、いま少し議論しておかなければならない。マクロレベルの産業構造や技術の変化が加速していること、メゾレベルの企業の事業内容や組織編制にも変動が常態化していること、そしてそれらに伴って、ミクロレベルでも個々人のたどる職業キャリアが過去と比べて不安定性や流動性の度合いが高まっていること、これらの趨勢は否定しがたい。

そうした中で「教育の職業的意義」を考えようとするとき、陥りやすいのは、いかなる変化や領域にも対応可能な汎用的・一般的スキルをつけておけばいい、という発想である。第4章で批判的に論じた「キャリア教育」には、まさにそうした考え方が結実している。日本のみならず、他の先進諸国や国際機関も、「キー・コンピテンシー」や「ジェネリック・スキル」などの概念を掲げて称揚する向きが見られる。
日本は「戦後日本型循環モデル」が成立した数十年前からすでに、専門領域別の個別具体的知識や技能よりも、「訓練可能性」としての一般的抽象的能力を重視する傾向が強かった。それに加え、近年は前述のような国際的動向が存在する中で、従来からの傾向を認知的な面から非認知的で人格的・情動的な面――「意欲」や「コミュニケーション能力」など――に拡張する方向で、一般的抽象的能力賛美の傾向にいっそう拍車がかかっている。[*89]
このように、柔軟で汎用性の高い能力が過剰に称揚されることに対しては、あくまで警戒が必要だと、筆者はこれまで主張してきた。そうした力を備えた人間像を望ましいものとしてどれほど高く掲げようとも、どうすればそのような人間像が育成されうるのか、とくに教育という制度の枠内で具体的にいかなる方法が可能なのかについて、現段階ではほとんど何も明らかになっていない。理念としての人間像が抽象的・汎用的なものになればなるほど、それは具体的な教育課程や教育方法の議論からは遠ざかり、為政者や経営者にとって都合のよい願望という、空虚でありながら／あるがゆえに全方位的・無限定な統治圧力として機能するようになる。
そして、柔軟で汎用性が高い能力は、個人に対して何らアイデンティティや進路、キャリアについての指針を与えるものではない。「いかなる場所でもうまく生きてゆける人間であれ」という要請は、「いったい自分はいかなる場所で生きてゆけばいいのか」という、個人にとってもっとも切実で重要な問題に対して手がかりとはならず、個人は不安と困惑の中に取り残される。しかも、「いかなる場所で生きてゆくか」をめぐる選択の成功／失敗の責任は、すべて個人に帰されるのである。

これらの問題を防ぐためには、論理的に、社会が個人に対して求める人間像の抽象性・汎用性の水準を下げるという方策しかありえない。すなわち具体的には、義務教育後の後期中等教育以上の教育段階については、職業と一定の関連性をもつ専門分野に即した具体的な知識と技能の形成に、教育課程の一部を割り当てるという方策である。

しかしそこで重要なのは、教育の外部社会の変化や流動性を鑑みるならば、そうした特定の専門分野に関する教育は、過度に狭い範囲に固定的に限定されたものであってはならないということである。特定の専門分野の学習を端緒・入り口・足場として、隣接する分野、より広い分野に応用・発展・展開してゆく可能性を組み込んだ教育課程のデザインが必要である。

筆者は、このような膨らみをもつ専門性を、「柔軟な専門性（flexpeciality）」と呼んで

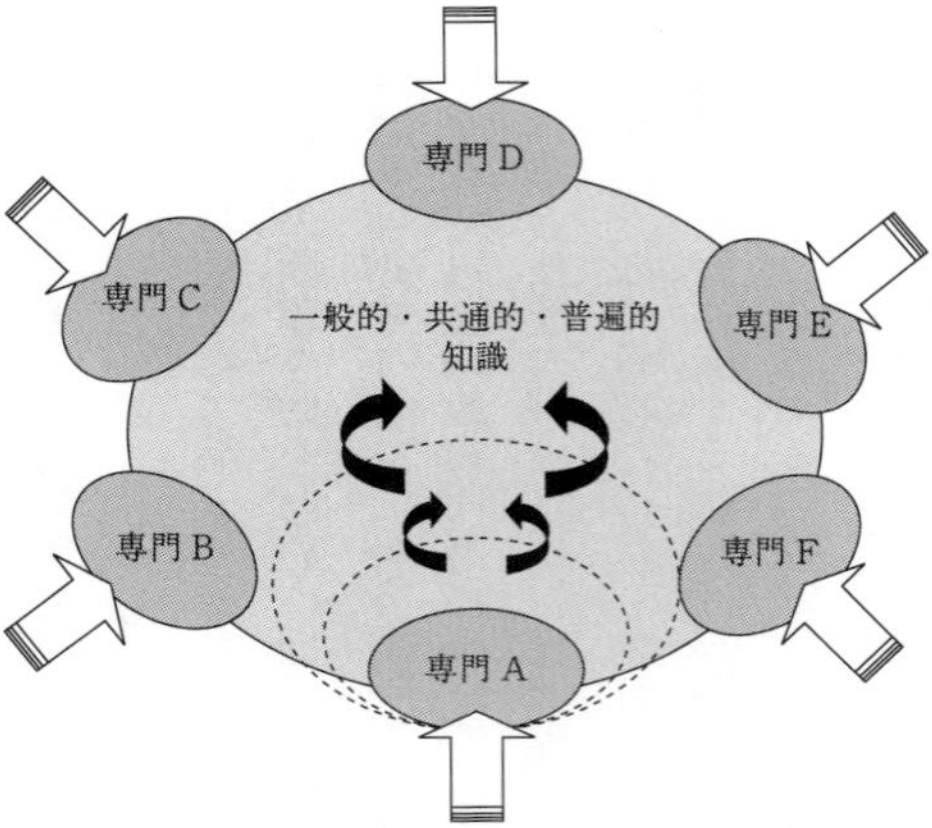

図5－2　「柔軟な専門性（flexpeciality）」の模式図

いる。ＥＵでは、労働市場政策の理念として「柔軟な安定性（flexicurity）」というキーワードが用いられることが多くなっている。英語の flexicurity とは、flexibility（柔軟性）と security（安定性）をつなぎ合わせた造語である。これに倣い、flexibility（柔軟性）と speciality（専門性）をつなぎ合わせて筆者が創った言葉が flexpeciality（柔軟な専門性）である。この言葉の意味するところを、イメージ図として示したものが、図5－2である。

図5-2における大きな円は知識の総体を意味している。そこに至るアプローチとして、まず何らかの専門を選択し、そこからまずは関係の深い隣接領域へと徐々に拡張し、さら

により一般性・共通性・普遍性の高い知識の獲得へと進んでゆくというプロセスが有効であることを、黒い矢印で示している。初発の専門性は、個人にとって、先述した「暫定的な輪郭」として機能する。それはあくまで「暫定的な」輪郭であり、以後の展開可能性がすでに予期的に組み込まれたものである。

このような「柔軟な専門性」は、教育課程編成の際の原理としてのみならず、個々人の職業上の経路の望ましいあり方としても用いることができる。実のところ、「柔軟な専門性」と合致するような職業経路は、現実社会のいたるところにおいて実際に観察される。たとえば和食の世界で修業を始めた料理人が洋の要素も取り入れ、さらによりよい素材を入手するために有機農業との関わりを深め、ひいては地域興しの担い手となるといったように。あるいは、臨床心理士として困難を抱える若者の支援に取り組むうちに、労働問題や教育問題にまで関心を広げ発言してゆくといったように。あるいは、金属溶接の技術を生かして介護装置の開発に取り組み福祉への関与を深めていくといったように。いずれも、初発の専門知識を核としつつ、それに関連するさまざまな事柄へと、認識や行動を広げてゆくというプロセスであり、むしろ世の中の動きの全般においてそうしたプロセスこそが常態と言ってもよいだろう。

また、「柔軟な専門性」を体現しているような教育も、すでに現実に存在する。本章のはじめのほうで述べたように、筆者らの研究チームが実施した専門高校生調査においても、「身につけた専門性が今後の自分の生涯において支えになる」と考えている生徒ほど、「専門分野以外のことも身につけていきたい」という意欲が高いという結果が見られた。さらに、専門分野の有用性を感じている生徒ほど、普通科目の学習意欲も高く、さらには政治意識や社会変革意識も高いという結果が得られた。[*90] これらはまさに、筆者の提唱する「柔軟な専門性」が、「職業的意義」の高い教育を通じて、すでに実現されている例があることを示している。

専門高校の教育が「柔軟な専門性」の機能を発揮している具体的な事例は、田村真広らによる高校福祉科の卒業生に関する研究においても見出される。[*91] この研究における調査サンプル一九七名のうち有職者は一六〇名であり、その中で九六名（タイプⅠ）は介護・相談援助の仕事に、四〇名（タイプⅡ）はそれ以外の福祉と関わりのある仕事に、二四名（タイプⅢ）は福祉とは関わりがない仕事に就いている。高校福祉科で学んだ内容は、タイプⅠの卒業生の場合は現在の仕事と直結していることは言うまでもない。タイプⅡは看護・保育・教育などの仕事に就いている者が大半であるが、その場合にも福祉科での学習内容は活用されている。

たとえば看護師として働いている卒業生Sさんのインタビューでは、「高校福祉科を出て看護学校に行ったことのメリットとしては、高校の時と似たような復習部分があったので、意外と勉強に入りやすかった点である。もちろん看護学校の方がそれより詳しくやるのだが、少し介護の勉強が入っていて（たとえば、シーツ交換をしたりするときのやり方はほとんど変わらないので）、「ああ、こういう勉強をしていてよかったな」というのはあった」という記述がある。

さらに、福祉とは無関係な仕事をしているタイプIIIにおいてさえ、高校での学習内容は息づいている。タイプIIIに含まれる、懐石料理店で働いている卒業生Tさんのインタビューにおいては、「福祉科での学びが活かされていると感じるのは、体の不自由な方が来店した時の介助の仕方であり、店長からも相手の目線で会話ができると言われる時がある。先日は常連客の高齢の夫婦が私の誕生日にプレゼントを持って来てくれた。「いつも親切にありがとう」と言われて、感激した。福祉科にいたからお客さんの立場に立って、途中でおしぼりを交換したり、次は何が必要かと考えることができるのではないかと思う」という記述がみられる。Tさんは、たまたま知人の紹介で飲食店に勤めることになったが、高校に入学する時から「人に関わる仕事がしたい」と考えて福祉科を選んでおり、その点では一貫しているという気持ちをもっている。今後は調理師や簿記の資格を取得することを考えているという。

こうしたSさんやTさんの事例に見られるように、一度身につけた専門性は、その後に隣接領域や、一見関連のない領域に移った場合でも、実質的な有効性を発揮しうるのである。社会の現実と同様に、知識や技能も網の目状につながっているのであり、初発の専門性は、その後の展開の種子としての意味をもっているのである。

ただし、このような柔軟な展開の種子となりうる専門性を身につけることができていない個人が、日本社会では大きな比率を占めている。そのための有効性を発揮できている教育機関も、ごく一部に限られる。だからこそ、「柔軟な専門性」を通じて個人の社会に対する〈適応〉を導く教育を拡充する必要性を、筆者は主張しているのである。

†「職業的意義」ある教育に盛り込まれるべき要素

それでは、具体的に、「教育の職業的意義」の内容を、どのように構築してゆけばよいだろうか。繰り返し述べているように、「教育の職業的意義」には、〈抵抗〉と〈適応〉の両面が必要である。それぞれの中身を考える上で、熊沢誠による「職業教育総論」と「職業教育各論」に関する記述が参考になる。[*92] 熊沢はこれらを、高校段階の教育内容として想定している。まず、熊沢が「職業教育総論」と呼ぶものは、「すべての高校生が徹底的に学ぶべきこと」であり、次の四つの構成要素から成るとされている。

①「この社会の分業構造のなかにあるさまざまの仕事の数的比率と、それぞれの仕事が果たす社会的役割と、社会的に要請される職業倫理」。

②「働く人びとがこうした仕事について感じることのできるやりがい」および「その仕事にまつわる現実のしんどさ」。

③「そのしんどさを同じ職場、同じ仕事、同じ地域で働くなかまと協同して改善する方途」、具体的には主として「労働基準法、労働組合法（労働三権）、労働安全衛生法、労働者派遣法、男女雇用機会均等法、育児休業法のような労働法、雇用・年金・医療保険など社会保障のしくみ、そして生活と権利を守るため労働者たちが遂行してきた社会運動の歴史と現状」。

④「どんな仕事につくにせよ今日の職業人すべてに要請される教養の諸領域」、具体

的には「消費者教育、金融教育、司法教育、政治参加、メディアリテラシー、環境教育、食育、育児・介護教育」および「余暇の楽しみ」に関する教育（ただし④は一般教育との境界線上にある）。

この①～④のうちとくに③は、「教育の職業的意義」の〈抵抗〉の側面と、密接に関わっている。労働法、社会保障制度、社会運動などについての知識をもとに、「仕事にまつわる現実のしんどさ」を「なかまと協同して改善する方途」を身につけるということは、まさに、仕事の現場で生じている様々な違法や無法を告発し、是正してゆくための〈抵抗〉の手段であるからである。

このような正しい〈抵抗〉を奨励する動きは、政府の中にも現れている。二〇〇八年八月に厚生労働省内に開設された「今後の労働関係法制度をめぐる教育の在り方に関する研究会」は、二〇〇九年二月までに六回の会合をもち、最終報告書をまとめた。[*93] この報告書では、今後の労働関係法制度をめぐる教育の場として、学校教育のみならず企業等や家庭、地域社会をもあげているが、その筆頭として位置づけられているのは学校教育である。また、学校教育の中でも、高校や大学が労働関係法制度を教える教育段階として適しているとした上で、同報告書は具体的な教育内容について次のように述べている。

……ただし、高校や大学の段階において、労働関係法制度に関する知識を網羅的に付与することは現実的とは言えない。むしろ、労働関係法制度の詳細な知識よりも、まずは労働法の基本的な構造や考え方、すなわち、①労働関係は労働者と使用者の合意に基づき成立する私法上の「契約」であり、「契約」の内容についても合意により決定されることが基本であるということ、②労働者と使用者の間では一般に対等な立場で合意することが難しいことから、労働者の権利を保護するために労働契約法や労働基準法などの労働関係法令が設けられていること、③労働組合を通して労使が対等な立場で交渉し労働条件を決定できるように、憲法や労働組合法により労働三権が保障されていること等を分かりやすく教えることが有効である。また、例えば給与・賞与・退職金などの具体的な労働契約の内容については、法令に反しない限りにおいて労働者と使用者の合意に委ねられているため、採用時（労働契約締結時）に交付される書面や就業規則によって労働契約の内容を確認することが重要であること、さらに、時間的余裕があれば、必要に応じて、採用／解雇、労働条件、内定等の「契約」にまつわる基本的な知識を付与することも効果的であると考えられる。なお、労働関係法制度に関する知識だけではなく、職業選択や就職活動に必要な事項として、社会情勢の変化等も踏まえた多様な雇用形態（派遣、契約、請負、アルバイト等）による処遇の違い、仕事の探し方、求人票の見方、ハローワーク等の就職支援機関の利用方法等に関する知識を付与することも重要である。（一三－一四頁）

ここで記述されているような「労働法の基本的な構造や考え方」および「職業選択や就職活動に必要な事項」は、適切な〈抵抗〉のための教育の必須条件と言える。同報告書ではさらに、学校教育におけるこうした教育を促進するための教材やツールの開発、NPO法人等の民間団体の活用、専門家・講師派遣のためのネットワーク形成やデータベース整備等についても提言している。ちなみに、教材としては近年、若者向けのわかりやすいテキストも相次いで刊行されている。[*94]

これらの官民同時多発的な動きにより、〈抵抗〉の側面に関して「教育の職業的意義」を高める必要性についての社会的認識や諸条件は、従来よりも急速に整備されつつあると言える。今後さらに、学習指導要領に明記する等の制度化と、学校教育現場への普及浸透を進めてゆくこと、そしてそれらを通じて個々人が〈抵抗〉の力をつけるだけでなく、実際の〈抵抗〉の場面では人々との協働が不可欠であるということも含めて、実践的に若者に伝えてゆくことが課題である。

このように、熊沢の言うところの「職業教育総論」は、〈抵抗〉的性格を強く備えているのに対し、他方の「職業教育各論」は、どちらかと言えば仕事の世界への〈適応〉に重点を置いたものであるとともに、仕事分野別に分化したものとして論じられている。

各論はもちろん、それぞれの仕事分野に応じた知識と技能の学びです。従来はもっぱらこれが職業教育とよばれてきたのですが、現時点では、現実の仕事のME化・OA化・IT化、企業活動のグローバル化などに伴う職種境界の不断の変動にフレキシブルに対応できるような、多能的な知識と技能の教育が十分に施されねばなりません。仕事に関するこうした十分の知識や技能こそは、若者たちにはじめに与えられた単純な職務の内容を、裁量権のより大きい「おもしろい」営みに変えてゆく力の基礎になります。

この各論が学ばれる場、学校の種類は、総論学習の過程で培われる若者の一定の職業選択志向にもとづくコースの分化によってどうしても異なるでしょう。[*95]

熊沢は「職業教育各論」の具体的内容について、これ以上詳細な記述を行っていない。筆者自身は、「柔軟な専門性」を身につける上で必要とされる「職業教育各論」の構成要素として、少なくとも以下の項目が必要であると考えている。

①当該分野が人々の生活にとってもつ意味と重要性、従事する者の責任と倫理
②当該分野に関する基本的な理論と概念
③当該分野に関する実践的な手法と技能（実習を含む）
④当該分野の歴史的な展開過程と世界的な布置
⑤当該分野の抱える課題と将来展望
⑥当該分野と隣接・関連する諸分野の梗概

この中で、①②③は当該分野のコアとなる、言い換えれば求心的な項目、④⑤は当該分野を俯瞰的・反省的に把握するための項目、⑥は柔軟性を埋め込むための遠心的な項目で

ある。このような「専門教育各論」は、学校段階が上になるにつれて、より高度な内容のものになることは言うまでもない。いかなる学校段階に関しても、分野別の専門的な教育に上記の要素を取り入れるとともに、並行して行われる一般科目や教養科目と専門教育との有機的な連関を強めることが、「柔軟な専門性」の形成にとって役立つと考える。

†「教育の職業的意義」を高めるための制度的条件

前項では、「教育の職業的意義」を高めるために、教育課程に盛り込まれるべき要素について述べた。それはいわばソフト面に関する議論である。しかし、そのような「職業的意義」ある教育を、いかなる制度的枠組みのもとで実施していくかという、ハード面についての検討も加えておかなければならない。

まず、「職業的意義」ある教育を実施する教育段階としては、主に後期中等教育（高校）以上にならざるをえないと考える。初等教育（小学校）および前期中等教育（中学校）は義務教育であることと、まだ仕事に就くということを現実的に考えられる年齢段階ではないことから、前述の「職業教育総論」の基礎的な部分を導入することに留めるのが妥当であろう。

後期中等教育段階からは、「職業教育総論」のみならず、「職業教育各論」が、現状よりも多くの教育機関によって提供される必要があると、筆者は考えている。高校段階については、端的に言って、現在の専門高校に近い性質をもつ高校を増やすべきであるというのが筆者の意見である。教育政策の現状においては、そのような方向への動きどころか、むしろ逆行的な動き、すなわち専門学科を統廃合して総合学科化するような趨勢が見られるが、筆者は学校・学科・コースという枠組みによる組織的・体系的な専門教育を推奨する。なぜなら、「職業教育各論」を有効に行うためには、学習者が一定の学習共同体に属しつつ、一定期間をかけて継続的に学習することが必要だと考えるからである。

現在の専門高校における専門科目の比重は過去と比べて減少してきているため、現状程度の比重は確保されるべきであろう。その上で、「特色ある学科」の制度を活用し、新しい専門分野の学校・学科・コースの設置を柔軟に認めることも考えられる。

このような制度枠組みにおいて課題となるのは、学習者の不適応にどう対処するかということである。学習者が特定の専門分野を選択したのちに、それに対する不適合が明らかになるというケースは当然皆無ではない。その場合に備えて、学校・学科・コースを転換することが可能なしくみを、制度の中に埋め込んでおく必要がある。転換の事前・事後を通じた補充学習によるキャッチアップなどの条件を付した上で、ある学校段階の途中においても異なる専門分野への移動ができるようにすることにより、不適合から生じる問題は緩和・回避できると考える。

言うまでもなく、上位の学校段階への進学の際にも、これまでとは異なる専門分野に進むことを可能にしておく必要がある。特定の専門分野を一貫して追究することは効率性の面では望ましいが、複数の専門分野を経験していることのメリットをも積極的に評価するべきである。

また、その前提条件として、専門高校から上位の学校段階、とくに大学への進学が不利にならないような措置が求められる。現状では、専門高校から大学への進学は推薦入試やＯＡ入試を通じてなされる場合が大半であり、進学率が増加したと言っても、普通科とは大きな格差がある。学科によってこうした進学機会の格差が存在することは問題が大きいことから、一般入試についても専門高校枠を設ける、専門科目による受験を大幅に認めるといった施策が必要となる。

さらに、専門分野別の教育に関してはとくに、いったん仕事に就いたのちに、より高度な知識や技能を身につけるため、再び学校教育に戻るといったリカレント教育のニーズが今後はいっそう高まると予測される。そうした点まで考慮するならば、「教育の職業的意義」の有効性が十全に発揮されるようにするためには、専門分野間、学校段階間、そして学校教育と外部の社会や労働市場の間など、さまざまな面で柔軟な往き来が可能となるような、柔構造の制度を実現してゆくことが、政策的に取り組まれる必要がある。

†労働市場に求められる変化――キャリアラダーという取り組み

忘れてはならないのは、仮に、ここまでさまざまに提唱してきた事柄が実現され、「教育の職業的意義」が向上したとしても、雇う側がそれを無視し何ら処遇に反映させようとしないならば、「教育の職業的意義」は「なかったこと」にされてしまうということである。それゆえ、「職業的意義」を高める方向への教育の変革は、それを尊重する方向への労働市場の変革と、セットで取り組まれる必要がある。

そもそも、従来の日本の労働市場では、個々の労働者の「能力」と、職業上のポストや賃金との対応の妥当性ということについて、十分な吟味がなされてきたかどうかは疑わしい。企業が労働者を採用する際にも、企業内で配置を変える際にも、個々の労働者がこれまでどのような職業上の「能力」を取得してきたか、これからいかなる「能力」を伸ばしてゆきたいと望んでいるかに対して、きめ細かな配慮が払われてきたとは言いがたい。企業の事業の伸縮等に応じた唐突な職種転換や勤務地の変更はむしろ常態であり、労働者はしばしばとまどいながらもそれを受容してきた。定期異動という慣行は、配属職種や勤務地を意図的に一定期間ごとにシャッフルするしくみであったし、高度経済成長期以降に普及した職能資格制度においては、労働者の個別具体的な「能力」ではなく、「潜在能力」が評価の基準であった。こうした状態について、労働法の領域では、雇う側が「包括的人事権」を行使することが承認されてきたという解釈がなされている。

このような、労働者の「能力」と処遇との対応・合致の曖昧さは、「日本的雇用」が労働者に与える雇用保障および賃金の上昇と、表裏一体の現象である。言い換えれば、雇用が保障され賃金が上がっていくという見込みが、「能力」と処遇との対応・合致の「雑さ」を覆い隠してきたのである。

しかし、「日本的雇用」が後退し、世界的な経済競争下で企業にとって人件費コスト削減への誘引が著しく増大したとき、これまでの「能力」と処遇との「どんぶり勘定」的対応性は、際限ない「能力」の買い叩きへと転げ落ちようとしている。それはまず、正社員に比べて賃金がはるかに安価な非正社員の「活用」という形で広がり、劣悪な処遇を受け容れる非正社員の増大は、正社員の処遇をも下方に引き下げるように働いている。非正社員が「能力」をもっていようが、一定期間の勤続の中で「能力」を伸長しようが、それが報酬に反映される度合いは、総じてごくわずかでしかない。正社員の年功賃金カーブも、近年になるほど平らになりはじめており、賃金が上がらないため残業代で補おうとすることも、過重労働・長時間労働に拍車がかかる一因となるという悪循環が生じている。

こうした事態に歯止めをかけるためには、これまで日本では疎かにされてきた、労働者の職業上の「能力」と処遇との対応の妥当性を確保するためのしくみを、可能なところから築いてゆくしかない。

前進のためのひとつの方策として提唱できるのは、職種別採用をもっと拡大することである。日本経済団体連合会の「二〇〇八年度・新卒者採用に関するアンケート調査結果」によれば、調査対象企業の四割はすでに職種別採用を実施している。[*96] 第3章で言及した、職種別採用は就職後三年以内の離職率を下げる効果をもつという分析結果が示すとおり、職種別採用においては応募者の具体的な「能力」と職種とのマッチングが高まりやすい。[*97] 初発の入職時には職種別の採用・配属を行い、その後の労働者の「能力」や志望の変化に即して社内で柔軟なキャリアを歩む余地を作っておくというのは、前掲の「柔軟な専門性」の原理にも沿っている。

また、職種別採用からさらに一歩発展した形態として、「キャリアラダー」の導入という方向性が考えられる。[*98]「キャリアラダー」とは、労働者が技能と経験を蓄積しながら、より責任があり、より賃金のよい仕事へと前進しうるような、職務と処遇の体系を人為的に作り出すことであり、具体的には、教育訓練・職務経験年数・職位のマトリックスに即して賃金を設定することである。

『キャリアラダーとは何か』という本の著者ジョーン・フィッツジェラルドが率直に述べているとおり、「キャリアラダー」を作り出すためには地域単位での自治体・企業・労働組合・教育訓練機関・労働力媒介機関などの緊密な連携が必要であり、また「キャリアラダー」の導入しやすさには産業や企業特性などによって違いがある。駒村康平は、とくに日本では、劣悪な賃金水準にある非正社員に対してキャリアアップの機会を広げるために「キャリアラダー」が有効であるとし、介護・看護・保育など、社会的ニーズの高い対個人サービスを提供する職業における導入がまず求められるとしている。[*99] ただし、フィッツジェラルドや駒村も指摘しているように、こうしたサービス職だけでなく、製造業においても、過去の職務経験や教育訓練経験を企業横断的で業種内共通の基準で評価し、それに見合ったポストと報酬を与えてゆくことは不可能ではない。

職種別採用も「キャリアラダー」も、個別具体的な職業能力をきちんと育て、見極め、正当に処遇してゆこうとするしくみである。それが簡単にいっきに社会に普及すると筆者も考えているわけではない。しかし、社会全体がポスト「日本的雇用」の労働市場モデルを見失い、労働力を買い叩きから保護する制度やルールが壊れかけている中で、残された方向はそこにしかないと考える。それならば、意図的な努力によって、可能なところから部分的にでも新しい雇用と処遇の体制を作り上げ、徐々に広げてゆくしかない。

†福祉と教育

さらに強調しておかなければならないのは、「教育の職業的意義」の追求は、社会福祉の拡充と互換的・排他的になされるのではなく、双方が同時に必要だということである。○○年代半ばを境として、日本社会における「貧困」の問題がクローズアップされ、セーフティネットとしての社会福祉が機能しなくなっていることが、数多く指摘されてきた。[*100]先述した「戦後日本型循環モデル」のもうひとつの特徴は、教育・仕事・家族という三つの社会領域の循環関係の外側に、公的な福祉がきわめて脆弱な形でしか提供されていなかったということである。いわば、循環の外側は真空状態のようなものであり、現在は循環モデルの破綻によって、その真空に零れ落ちさまよわざるを得ない状態に置かれている人々が、急激に増加しているという状況にある。

文字通り生存を脅かされている人々が、相当の規模で存在するようになっている現状のもとでは、憲法二五条が規定するような「健康で文化的な最低限の生活」を営むことができる基盤を、まず福祉によって保証するということが、重大な社会的課題になっていることは言うまでもない。しかし同時に、ヨーロッパの福祉国家がすでに経験してきた「福祉の罠」の轍を踏まないためには、就労や社会活動への参入・再参入のルートを、上述した「キャリアラダー」のような現実的で確実な形で用意しておく必要がある。「職業的意義」ある教育や訓練を欠いた福祉も、逆にセーフティネットを欠いた教育訓練も、いずれも社会や個人にとって機能不全をもたらす。〈抵抗〉と〈適応〉が両輪であるように、教育および労働市場の変革と、福祉の整備も両輪である。教育・仕事・家族の間の毀れた循環モデルを新しい形で立て直す作業は、その循環の外部を、栄養ある液体としての福祉で満たしてゆくことと並行して取り組まれる必要があるのである。

†若者に対して社会が果たすべき責任

現在の日本社会では、教育を受けるには個人や家庭が多大な費用を負担しなければならず、かつ受けた教育がその後の生活のたつきを築く上でいかなる意味があるのか不明である場合が多く、それにもかかわらず教育が欠如していることはさまざまな不利を個人にもたらす。しかも、教育から外の社会や労働市場に出れば、ある程度安定した収入や働き方をどうすれば獲得できるかの方途も不明であり、一度不安定なルートに踏み込めば、その後の挽回の機会は著しく制約される。度を越して過重な仕事、あまりに賃金の低い仕事にはまりこむ危険の高さは、まるでおびただしく地雷の埋まった野原を素足で歩いていかなければならない状態と似ている。

今の日本社会が若者に用意しているのはこのような現実だ。それを作ってきたのも、それに手を拱《こまね》いているのも、多くは若者たちより上の世代の人間たちである。このままでは、教育も仕事も、若者たちにとって壮大な詐欺でしかない。私はこのような状態を放置している恥に耐えられない。

「教育の職業的意義」を高めるという私の主張は、自分よりも後から世の中に歩み入ってくる若者に対して、彼らが自らの生の展望を抱きうるような社会を残しておきたいという思いから立ち上がってきたものである。すでに述べたように、それは社会というパズル全体の中であくまでひとつの、しかし欠くことのできない重要なピースである。本書で述べてきた筆者の認識や提案を世に問うことで、閉塞した現状が少しでも動き出してくれればと願う。

註

＊76　調査結果は東京大学教育学部比較教育社会学コース『都立高校生に関する調査報告書——専門高校に着目して』二〇〇九年および本田由紀「若年労働者の現状と高校教育の課題　第4回」『工業教育

資料』第三二六号、二〇〇九年で紹介した他、Benesse教育研究開発センター『都立専門高校の生徒の学習と進路に関する調査』二〇一〇年、研究所報vol.57も参照

*77 友枝敏雄編『現代の高校生は何を考えているか――意識調査の計量分析をとおして』世界思想社、二〇〇九年

*78 広田照幸「教育学の混迷」『思想』二〇〇七年三月号、岩波書店

*79 小玉重夫『シティズンシップの教育思想』白澤社、現代書館(発売)、二〇〇三年、一一五頁

*80 小玉重夫「学力――有能であることと無能であること」田中智志・今井康雄編『キーワード 現代の教育学』東京大学出版会、二〇〇九年、二四六頁

*81 小玉重夫、前掲書、一一五-一一六頁

*82 シャンタル・ムフ著、酒井隆史・篠原雅武訳『政治的なものについて――闘技的民主主義と多元主義的グローバル秩序の構築』明石書店、二〇〇八年

*83 リチャード・セネット著、森田典正訳『不安な経済/漂流する個人――新しい資本主義の労働・消費文化』大月書店、二〇〇六=二〇〇八年

*84 ジグムント・バウマン著、伊藤茂訳『新しい貧困――労働、消費主義、ニュープア』青土社、一九九八=二〇〇八年

*85 河添誠「鼎談の前に」湯浅誠・河添誠編『「生きづらさ」の臨界――〝溜め〟のある社会へ』旬報社、二〇〇八年

*86 湯浅・河添編前掲書、三八-四〇頁

*87 本田由紀「毀れた循環」北田暁大・東浩紀編『思想地図』vol.2、日本放送出版協会、二〇〇八年

および本田由紀「教育・労働・家族をめぐる問題」芹沢一也・荻上チキ編『日本を変える「知」』光文社、二〇〇九年

*88 爆笑問題+本田由紀『爆笑問題のニッポンの教養　我働くゆえに幸あり?』講談社、二〇〇八年

*89 これが筆者が「ハイパー・メリトクラシー」と呼ぶところの現象である。第4章の註62を参照

*90 前掲の註76の報告書における福本一威、高木稚佳、堤孝晃らの分析を参照

*91 田村真広・保正友子編著『高校福祉科卒業生のライフコース——持続する福祉マインドとキャリア発達』ミネルヴァ書房、二〇〇八年

*92 熊沢誠『若者が働くとき』ミネルヴァ書房、二〇〇六年、一六五-一六八頁

*93 http://www.mhlw.go.jp/houdou/2009/02/dl/h0227-8a.pdf

*94 たとえば、次のようなものがあげられる。道幸哲也『15歳のワークルール——仕事につくとき、仕事をするとき、辞めるとき知っておきたい32のルール』旬報社、二〇〇七年。清水直子『おしえて、ぼくらが持ってる働く権利——ちゃんと働きたい若者たちのツヨーイ味方』合同出版、二〇〇八年。笹山尚人『労働法はぼくらの味方!』岩波ジュニア新書、二〇〇九年。今野晴貴『マジで使える労働法——賢く働くためのサバイバル術』イースト・プレス、二〇〇九年

*95 熊沢前掲書、一六八-一六九頁

*96 http://www.keidanren.or.jp/japanese/policy/2009/034kekka.pdf

*97 第3章の註59を参照

*98 ジョーン・フィッツジェラルド著、筒井美紀・阿部真大・居郷至伸訳『キャリアラダーとは何か——アメリカにおける地域と企業の戦略転換』勁草書房、二〇〇八年

＊99　駒村康平『大貧困社会』角川SSC新書、二〇〇九年、一七二－一七五頁
＊100　ほんの一部をあげるならば、湯浅誠『反貧困――「すべり台社会」からの脱出』岩波新書、二〇〇八年。遠藤公嗣他『労働、社会保障政策の転換を――反貧困への提言』岩波ブックレット No.746、二〇〇九年。阿部彩『子どもの貧困――日本の不公平を考える』岩波新書、二〇〇八年。東海林智『貧困の現場』毎日新聞社、二〇〇八年。岩田正美『現代の貧困――ワーキングプア／ホームレス／生活保護』ちくま新書、二〇〇七年。駒村前掲書など

あとがき

　ある若い女性にインタビューをしたことがある。彼女は大学では言語学や哲学を学び、労働問題やフェミニズムの勉強会にも参加していた。卒業を控えて就職活動をしたが、第一志望の会社の面接で「人を感動させるような話をしてください」と言われ、そのことに違和感を覚えた彼女は、その会社の試験をそれ以上受けなかった。他の会社の採用試験もうまくいかず、彼女は大学卒業後はアルバイトをして生活している。彼女にこれからの展望をたずねると、いくつか就きたい職業があるとのことだった。それは、看護師、助産師、保育士だという。

　……女性の体とか健康管理全般に興味があります。あと、仕事ででも、それ以外でもいいんですけど、こういうことに関して、ある程度の知識と経験を持っているという状態というのがいいなあと思っています。それは、専門性と言ってもいいし、自分がどこに行っても、ある程度その知識とかを使うことができて、もしかしたら思いがけないところで人の役に立つかもしれないということをイメージできるというのが、おもしろいなと思いますね。保育士というのも、子どもとどう接すればいいのかということについて、経験を蓄積できたらいいなと。自分が個人的に子どもを持てばいいという面もあるんですけれど、それとはまた違った意味で、知識や経験を持っていられたらいいなと思ったんです。

彼女の言葉の中には、特定の分野についてしっかりした知識と経験——専門性——をもつこと、それを通じて確かに人の役に立てるという実感をもてることへの渇望が表れている。しかし彼女は、そのような気持ちをもちながらも、「ほんとうにそういう仕事に就くために勉強するには学費もいるし、働きながら勉強するのもたいへんだし……」という躊躇も示している。

彼女のような若者は、とてもたくさんいる。自分が生きている世界の中で手ごたえのある働きをしたい、自分が果たせる役割を確かめたい、と思いつつ、そのための具体的な手段を手に入れようとする際のハードルはとても高い。

彼女はまた、次のようにも語っている。

……『13歳のハローワーク』的なものに対して、私が何がショックだったかというと、あれを「現実的」だという人がまわりにいたことです。私はあれはどう見ても現実的には見えなかったんです。でも、それを一般的な人は現実的だって言う。ほんとにそうなのかな。確かに、いいことばかり書いてあるわけでもないんです。でもやわらかくお茶を濁している感じなんです。過労死とか、いろんなきつい現実が、普段はきれいに隠されていて、出てくるときは災害みたいな感じで、大きな石がごろごろ落ちてきたみたいなふうに出てくる。その大きな石に対して、人は、これはもう自然災害だし、たてつけないと思うじゃないですか。でも、日頃から小石の存在を感じていたとしたら、どういうふうに避けて通るかとか、どういうふうに掃除するかというのが、自分の常識としてわかるはずだって思うんです。だから、巨大な石をザラザラした小石にするようにしながら、もっと普段からちゃんと見ておかないと。

先ほどの引用が、世の中に対する〈適応〉への渇望を表していたのに対して、こちらの言葉は、「巨大な石」のように見える現実に負けないで対処したい、それにどのように〈抵抗〉しうるのかについてちゃんと知っておきたい、という気持ちを表している。彼女は大学時代に労働問題に関する勉強会などに参加していたため、このような考え方を言葉にすることができる。しかし、多くの若者は、〈適応〉のための手段のみならず〈抵抗〉のための手段も手にしておらず、「巨大な石」を「自然災害」のように受け容れてしまう。

ところで、研究者という立場は不思議なもので、私は彼女のような若者に接する機会もある一方で、日本を代表する大企業のトップの方々が居並ぶ場に紛れ込むような機会もある。そのような場で、若者や教育への要望が口々に語られるのを耳にする経験が先日あった。そこで出てきた言葉は、「要するにコミュニケーション能力だ」「リーダーシップだ」「礼儀だ」「初等中等教育で「日本人」としての潜在意識を刷りこむ必要がある」云々というものだった。私はげっそりして固まっていた。

――このような、若者側とエスタブリッシュされた側との途方もないギャップを、何とかできないのか。若者に〈適応〉と〈抵抗〉のための手段を手渡して、彼らがただ途方にくれたり、ただ蒸気のような「勝ち」や「やりがい」をつかもうと当てもなくもがいたりするだけではない生き方を、受け継いではあげられないのか。

この本は、そのような衝動から書かれた。

私は教育社会学を専門とする者であり、社会的な問題状況をデータによって示すことはできても、それらの問題に対して教育の分野で対処するための具体的なカリキュラムや教育方法を、仔細に提示できるわけではない。それゆえ、この本で主張されている「教育の職業的意義」や「柔軟な専門性」などの概念も、私が批判している「キャリア教育」や「人間力」と同様に、抽象的で曖昧なものにすぎないという印象を読者に与えるかもしれない。それを思うと苦しい。

でも、この本で示したような考え方、見方を肯定的に受け止めてくれる人々がいたならば、この考え方、見方を具体的な形にして広げ根づかせてゆくことに力を貸してほしいと思う。ごまめの歯ぎしりにすぎないような片隅の意見でも、もしかしたら・できることなら、という願いを込めて、この本を書いた。

筑摩書房の永田士郎さんが、この本について打診してくださってから、もう数年が経ってしまった。その間、辛抱強く待ち、励ましてくださった永田さんに感謝する。

また、日常的な議論やデータ分析結果の検討を通じて、いつもさまざまな知的刺激を与えてくれている、コースの学生・院生たちにも、こころから感謝している。

二〇〇九年一〇月

本田由紀

ちくま新書
817

教育《きょういく》の職業的意義《しょくぎょうてきいぎ》
——若者《わかもの》、学校《がっこう》、社会《しゃかい》をつなぐ

二〇〇九年一二月一〇日　第一刷発行
二〇二〇年　六　月二五日　第一一刷発行

著　者　本田由紀（ほんだ・ゆき）
発行者　喜入冬子
発行所　株式会社　筑摩書房
東京都台東区蔵前二-五-三　郵便番号一一一-八七五五
電話番号〇三-五六八七-二六〇一（代表）
装幀者　間村俊一
印刷・製本　三松堂印刷　株式会社

ISBN978-4-480-06523-0 C0237

ちくま新書

329 教育改革の幻想　苅谷剛彦

新学習指導要領がめざす「ゆとり」や「子ども中心主義」は本当に子どもたちのためになるものなのか？　教育と日本社会のゆくえを見据えて緊急提言する。

359 学力低下論争　市川伸一

子どもの学力が低下している⁉　この認識をめぐり激化した巨大論争を明快にときほぐし、あるべき改革への第一歩を提示する。「ゆとり」より「みのり」ある教育を！

399 教えることの復権　大村はま　苅谷剛彦・夏子

詰め込みかゆとり教育か。今再びこの国の教育が揺れている。教室と授業に賭けた一教師の息の長い仕事を通して、もう一度正面から「教えること」を考え直す。

421 行儀よくしろ。　清水義範

教育論は学力論だけではない。今本当に必要な教育は、道をきかれてどう答えるか、困っている人をどう助けるか等の文化の継承である。美しい日本人になることだ。

451 ゆとり教育から個性浪費社会へ　岩木秀夫

学力論争は新自由主義的流れで決着した。次にくるのは国際エリート養成と「自由意志」によるフリーターの増加だ。二極分化する日本の教育と社会の行方を分析する。

517 学校評価　——情報共有のデザインとツール　金子郁容編著

学校をサービスとして評価する、とはどういうことなのか？「与えられる」ものではなく「地域で作っていく」教育について、その方向性とツールを具体的に示す。

522 考えあう技術　——教育と社会を哲学する　苅谷剛彦　西研

「ゆとり教育」から「学びのすすめ」へ、文教方針が大転換した。この間、忘れられた、「学び」と「教え」の関係性について、教育社会学者と哲学者が大議論する。

543
義務教育を問いなおす
藤田英典
義務教育の改革が急ピッチで進められている。だが、その方途は正しいのか。義務教育制度の意義と問題点を見つめなおし、改革の道筋を照らす教育社会学の成果。

653
こんなに役立つ数学入門
――高校数学で解く社会問題
広田照幸編
川西琢也編
地震に松枯れ、格差問題に総選挙……。さまざまな問題を解く上で、数学はフルに活用されている。第一線に立つ研究者が自らの体験を交えて語る、高校数学の底力。

679
大学の教育力
――何を教え、学ぶか
金子元久
日本の大学が直面する課題を、歴史的かつグローバルな文脈のなかで捉えなおし、高等教育が確実な「教育力」をもつための方途を考える。大学関係者必読の一冊。

691
日本を教育した人々
齋藤孝
資源に乏しい島国・日本にとって、未来のすべては「人づくり」にある。吉田松陰、福沢諭吉、夏目漱石、司馬遼太郎を例に、劣化する日本の再生の可能性を考える。

697
子どもをナメるな
――賢い消費者をつくる教育
中島隆信
重要なのはモラルよりも損得感覚。正しい消費者を作ることが義務教育の目的だ。教育問題の本質を鮮やかに示し、理念から各教科の具体的なあり方までを論じる。

721
中高一貫校
日能研進学情報室
中学入試が定着したいま、小学校高学年の子どもをもつ親の意志がとても重要になっています。中学高校は多感な時期。預け先を間違えないための秘訣を伝授します。

733
代表的日本人
齋藤孝
人作りの伝統は再生できるか？　嘉納治五郎の武道力・与謝野晶子の女性力・佐藤紅緑の少年力・斎藤親子の翻訳力・岡田虎二郎の静坐力の五つの力に手がかりを探る。

ちくま新書

738
完璧志向が子どもをつぶす
原田正文
母親たちの育児ストレスの原因はどこにあるのか？ 大規模調査の結果と著者の精神科医としての経験をもとに、「70点の育児」を提唱する。

742
公立学校の底力
志水宏吉
公立学校のよさとは何か。元気のある学校はどんな取り組みをしているのか。12の学校を取り上げた本書は、公立学校を支える人々へ送る熱きエールである。

758
進学格差
――深刻化する教育費負担
小林雅之
統計調査から明らかになった進学における格差。なぜ今まで社会問題とならなかったのか。諸外国の奨学金のあり方などを比較しながら、日本の教育費負担を問う。

511
子どもが減って何が悪いか！
赤川学
少子化をめぐるトンデモ言説を、データを用いて徹底論破！ 社会学の知見から、少子化が避けられないことを示し、これを前提とする自由で公平な社会を構想する。

527
社会学を学ぶ
内田隆三
社会学を学ぶ理由は何か？ 著者自身の体験から、パーソンズの行為理論、フーコーの言説分析、ルーマンらのシステム論などを通して、学問の本質に迫る入門書。

541
内部被曝の脅威
――原爆から劣化ウラン弾まで
肥田舜太郎
鎌仲ひとみ
劣化ウラン弾の使用により、内部被曝の脅威が世界中に広がっている。広島での被曝体験を持つ医師と気鋭の社会派ジャーナリストが、その脅威の実相に斬り込む。

574
「大人」がいない…
清水義範
「親の顔が見たい」という言葉があるが、昨今のこの国は「大人の顔が見たい」状況にある。そもそも大人とは？ 忍耐力、決断力、礼儀作法……。平成版「おとな入門」！

ちくま新書

576 ヤクザに学ぶ組織論 山平重樹
日本型組織は不合理で非効率か。究極の日本型＝ヤクザ組織の実態やブランド戦略、情報収集術、山口組はなぜ強いかなどを通して「超合金」な組織スタイルの秘密に迫る。

605 心脳コントロール社会 小森陽一
人を巧みに誘導するマインド・マネジメント。この手法は広告だけでなく、政治の世界でも使われるようになった。その仕組みを解明し、騙されないための手立てを提示。

606 持続可能な福祉社会 ――「もうひとつの日本」の構想 広井良典
誰もが共通のスタートラインに立つにはどんな制度が必要か。個人の生活保障や分配の公正が実現され環境制約とも両立する、持続可能な福祉社会を具体的に構想する。

645 つっこみ力 パオロ・マッツァリーノ
正しい「だけ」の議論は何も生まない。必要なのは、論敵を生かし、権威にもひるまず、みんなを楽しませる笑いである。日本人のためのエンターテイメント議論術。

649 郊外の社会学 ――現代を生きる形 若林幹夫
「郊外」は現代社会の宿命である。だが、その輪郭は捉え難い。本書では、その成立ちと由来を戦後史のなかに位置づけ、「社会を生きる」ことの意味と形を問う。

659 現代の貧困 ――ワーキングプア／ホームレス／生活保護 岩田正美
貧困は人々の性格も、家族も、希望も、やすやすと打ち砕く。この国で今、そうした貧困に苦しむのは「不利な人々」ばかりだ。なぜ？ 処方箋は？ をトータルに描く。

673 ルポ 最底辺 ――不安定就労と野宿 生田武志
野宿者はなぜ増えるのか？ フリーターが「若者」ではなくなった時どうなるのか？ 野宿と若者の問題を同じ位相で捉え、社会の暗部で人々が直面する現実を報告する。

ちくま新書

683
ウェブ炎上
――ネット群集の暴走と可能性
荻上チキ
ブログ等で、ある人物への批判が殺到し、収拾不能になることがある。こうした「炎上」が生じる仕組みを明らかにし、その可能性を探る。ネット時代の教養書である。

708
3年で辞めた若者はどこへ行ったのか
――アウトサイダーの時代
城繁幸
『若者はなぜ3年で辞めるのか?』で昭和的価値観に苦しむ若者を描いた著者が、辞めたアウトサイダー達の「平成的な生き方」を追跡する。

710
友だち地獄
――「空気を読む」世代のサバイバル
土井隆義
周囲から浮かないよう気を遣い、その場の空気を読もうとするケータイ世代。いじめ、ひきこもり、リストカットなどから、若い人たちのキツさと希望のありかを描く。

718
社会学の名著30
竹内洋
社会学は一見わかりやすそうで意外に手ごわい。でも良質の解説書に導かれれば知的興奮を覚えるようになる。30冊を通して社会学の面白さを伝える、魅惑の入門書。

728
若者はなぜ正社員になれないのか
川崎昌平
日雇いバイトでわずかの生活費を稼ぐ二六歳、無職。正社員めざし重い腰を上げるが数々の難関が行く手を阻む。彼は何をつかむのか? 実録・フリーターの就職活動。

736
ドキュメント 死刑囚
篠田博之
児童を襲い、残虐に殺害。死刑執行された宮崎と宅間。そして確定囚の小林。謝罪の言葉を口にすることなく、むしろ社会を挑発した彼らの肉声から見えた真実とは。

746
安全。でも、安心できない…
――信頼をめぐる心理学
中谷内一也
凶悪犯罪、自然災害、食品偽装……。現代社会に潜むリスクを「適切に怖がる」にはどうすべきか? 理性と感情のメカニズムをふまえて信頼のマネジメントを提示する。

ちくま新書

747 サブカル・ニッポンの新自由主義
——既得権批判が若者を追い込む
鈴木謙介
ロスジェネを苦境に陥れた元凶たる新自由主義を支持するロスジェネ。そんなねじれがこの社会には生じている。そこに突破口はないのか、気鋭の社会学者が探る。

755 あなたの苦手な彼女について
橋本治
たいていの人に「苦手な彼女」がいるというが、一体それはどういうことなのか？　ウーマンリブ運動や男女雇用機会均等法、さらには女帝の時代にまで溯って考察する。

757 サブリミナル・インパクト
——情動と潜在認知の現代
下條信輔
巷にあふれる過剰な刺激は、私たちの情動を揺さぶり潜在脳に働きかけて、選択や意思決定にまで影を落とす。心の潜在性という沃野から浮かび上がる新たな人間観とは。

759 山口組概論
——最強組織はなぜ成立したのか
猪野健治
傘下人員四万人といわれる山口組。警察の厳しい取り締まり、社会の指弾を浴びながら、なぜ彼らは存在するのか？　その九十年の歴史と現在、内側の論理へと迫る。

763 創刊の社会史
難波功士
ポパイ族から盛王《モリオー》ＧＵＹ《ガイ》まで。アンノン族からａｇｅ《アゲ》嬢まで。若者雑誌の創刊号をたどり、70年代以降の社会を読み解く。めくるめくタイムトリップへ読者をご案内。

772 学歴分断社会
吉川徹
格差問題を生む主たる原因は学歴にある。そして今、日本社会は大卒か非大卒かに分断されてきた。そのメカニズムを解明し、問題点を指摘し、今後を展望する。

781 貧困化するホワイトカラー
森岡孝二
非正規化、過重労働、成果主義、自殺……。人を死に追いつめるホワイトカラーの仕事とはなんだろうか？　その困難の背景に切り込む。すべての働く人に、必要な一冊。

784
働き方革命
――あなたが今日から日本を変える方法
駒崎弘樹
仕事に人生を捧げる時代は過ぎ去った。「働き方」の枠組みを変えて少ない時間で大きな成果を出し、家庭や地域社会にも貢献する新しいタイプの日本人像を示す。

787
日本の殺人
河合幹雄
殺人者は、なぜ、どのように犯行におよんだのか。彼らにはどんな刑罰が与えられ、出所後はどう生活しているか…。仔細な検証から見えた人殺したちの実像とは。

800
コミュニティを問いなおす
――つながり・都市・日本社会の未来
広井良典
高度成長を支えた古い共同体が崩れ、個人の社会的孤立が深刻化する日本。人々の「つながり」をいかに築き直すかが最大の課題だ。幸福な生の基盤を根っこから問う。

809
ドキュメント 高校中退
――いま、貧困がうまれる場所
青砥恭
高校を中退し、アルバイトすらできない貧困状態へと落ちていく。もはやそれは教育問題ではなく、社会を揺るがす問題である。知られざる高校中退の実態に迫る。

813
それでも子どもは減っていく
本田和子
出生率低下は成熟社会に伴う必然。「少なく産みたい」女性の実態を明かしつつ、子どもが「少なく存在すること」の意味を追求し、我々が彼らに託すものを展望する。

002
経済学を学ぶ
岩田規久男
交換と市場、需要と供給などミクロ経済学の基本問題から財政金融政策などマクロ経済学の基礎までを、現実の経済問題に即した豊富な事例で説く明快な入門書。

035
ケインズ
――時代と経済学
吉川洋
マクロ経済学を確立した20世紀最大の経済学者ケインズ。世界経済の動きとリアルタイムで対峙して財政・金融政策の重要性を訴えた巨人の思想と理論を明快に説く。

ちくま新書

263
消費資本主義のゆくえ
——コンビニから見た日本経済
松原隆一郎
既存の経済理論では説明できない九〇年代以降の消費不況。戦後日本の行動様式の変遷を追いつつ、「消費資本主義」というキーワードで現代経済を明快に解説する。

336
高校生のための経済学入門
小塩隆士
日本の高校では経済学をきちんと教えていないようだ。本書では、実践の場面で生かせる経済学の考え方をわかりやすく解説する。お父さんにもピッタリの再入門書。

340
現場主義の知的生産法
関満博
現場には常に「発見」がある！ 現場ひとすじ三〇年、国内外の六〇〇〇工場を踏査した〝歩く経済学者〟が、現場調査の要諦と、そのまとめ方を初めて明かす。

396
組織戦略の考え方
——企業経営の健全性のために
沼上幹
組織を腐らせてしまわぬため、主体的に思考し実践しよう！ 組織設計の基本から腐敗への対処法まで「これウチの会社！」と誰もが嘆くケース満載の組織戦略入門。

427
週末起業
藤井孝一
週末を利用すれば、会社に勤めながらローリスクで起業できる！ 本書では「こんな時代」をたくましく生きる術を提案し、その魅力と具体的な事例を紹介する。

458
経営がわかる会計入門
永野則雄
長引く不況下を生きぬくには、経営の実情と一歩先を読みとくための「会計」知識が欠かせない。現実の会社の「生きた数字」を例に説く、役に立つ入門書の決定版！

459
はじめて学ぶ金融論〈ビジュアル新書〉
中北徹
複雑な金融の仕組みを、図を用いてわかりやすく解説。情報の非対称性、不良債権、税効果会計など、基本から最新のトピックを網羅。これ一冊で金融がわかる！

ちくま新書

502 ゲーム理論を読みとく
――戦略的理性の批判
竹田茂夫
ビジネスから各種の紛争処理まで万能の方法論となっているゲーム理論。現代を支配する〝戦略的思考〟のエッセンスと限界を描き、そこからの離脱の可能性をさぐる。

512 日本経済を学ぶ
岩田規久男
この先の日本経済をどう見ればよいのか？ 戦後高度成長期から平成の「失われた一〇年」までを学びなおし、さまざまな課題をきちんと捉える、最新で最良の入門書。

516 金融史がわかれば世界がわかる
――「金融力」とは何か
倉都康行
マネーに翻弄され続けてきた近現代。その変遷を捉え直し、世界の金融取引がどのように発展してきたかを整理しながら、「国際金融のいま」を歴史の中で位置づける。

559 中国経済のジレンマ
――資本主義への道
関志雄《カンシユウ》
成長を謳歌する一方で、歪んだ発展が社会を蝕んでいる中国。ジレンマに陥る「巨龍」はどこへ行くのか？ 移行期の経済構造を分析し、その潜在力を冷静に見極める。

565 使える！ 確率的思考
小島寛之
この世は半歩先さえ不確かだ。上手に生きるには、可能性を見積もり適切な行動を選択する力が欠かせない。確率のテクニックを駆使して賢く判断する思考法を伝授！

567 四〇歳からの勉強法
三輪裕範
商社マンとしてMBAを獲得し、数冊の著書を持つ著者が、時間の作り方、効率的な情報収集術、英語習得法、無駄のない本選びなど、秘伝の勉強法を提示する。

582 ウェブ進化論
――本当の大変化はこれから始まる
梅田望夫
グーグルが象徴する技術革新とブログ人口の急増により、知の再編と経済の劇的な転換が始まった。知らないではすまされない、コストゼロが生む脅威の世界の全体像。

ちくま新書

610 これも経済学だ！

中島隆信

各種の伝統文化、宗教活動、さらには障害者などの「弱者」などについて「うまいしくみ」を作るには、「経済学」を使うのが一番だ！　社会を見る目が一変する本。

617 下流喰い
――消費者金融の実態

須田慎一郎

格差社会の暗部で弱者を貪り肥大化した消費者金融。その甘い蜜を求め大手銀行とヤミ金が争奪戦を演じる……。現代社会の地殻変動を活写した衝撃のノンフィクション。

619 経営戦略を問いなおす

三品和広

戦略と戦術を混同する企業が少なくない。見せかけの「戦略」は企業を危うくする。現実のデータと事例を数多く紹介し、腹の底からわかる「実践的戦略」を伝授する。

643 職場はなぜ壊れるのか
――産業医が見た人間関係の病理

荒井千暁

いま職場では、心の病に悩む人が増えている。重いノルマ、理不尽な評価などにより、うつになり、仕事は混乱する。原因を探り、職場を立て直すための処方を考える。

693 丹精で繁盛
――物づくりの現場を見にゆく

瀬戸山玄

マーケティング主導の風潮にアイデアで対抗、地場産業や伝統技術をみごと復活させた職人たち。その「丹精をこめた仕事」に、物づくり立国・日本の底力を探る。

701 こんなに使える経済学
――肥満から出世まで

大竹文雄編

肥満もたばこ中毒も、出世も談合も、経済学的な思考を上手に用いれば、問題解決への道筋が見えてくる！　経済学のエッセンスが実感できる、まったく新しい入門書。

729 閉塞経済
――金融資本主義のゆくえ

金子勝

サブプライムローン問題はなぜ起こったのか。格差社会がなぜもたらされたのか。現実経済を説明できなくなった主流経済学の限界を指摘し、新しい経済学を提唱する。

ちくま新書

770
世界同時不況
岩田規久男
二〇〇八年秋に発生した世界金融危機は、百年に一度の未曾有の危機といわれる。この世界同時不況は、一九三〇年代の世界大恐慌から何を教訓として学べるだろうか。

780
資本主義の暴走をいかに抑えるか
柴田徳太郎
資本主義とは、不安定性を抱えもったものだ。これに対処すべく歴史的に様々な制度が構築されてきたが、現在、世界を覆う経済危機にはどんな制度で臨めばよいのか。

786
金融危機にどう立ち向かうか
――「失われた15年」の教訓
田中隆之
「失われた15年」において、日本では量的緩和など多様な金融財政政策が打ち出された。これらの政策は、どのような狙いと効果をもったのか。平成不況を総括する。

807
使える！　経済学の考え方
――みんなをより幸せにするための論理
小島寛之
人は不確実性下においていかなる論理と嗜好をもって意思決定するのか。人間行動の本質を確率理論を用いて抽出し、「幸福な社会」のあり方をロジカルに基礎づける。

377
人はなぜ「美しい」がわかるのか
橋本治
「美しい」とはどういう心の働きなのか？「合理性」や「カッコよさ」とはどう違うのか？　日本の古典や美術に造詣の深い、活字の鉄人による「美」をめぐる人生論。

415
お姫様とジェンダー
――アニメで学ぶ男と女のジェンダー学入門
若桑みどり
白雪姫、シンデレラ、眠り姫などの昔話にはどのような意味が隠されているか。世界中で人気のディズニーのアニメを使って考えるジェンダー学入門の実験的講義。

432
「不自由」論
――「何でも自己決定」の限界
仲正昌樹
「人間は自由だ」という考えが暴走したとき、ナチズムやマイノリティ問題が生まれる――。逆説に満ちたこの問題を解きほぐし、21世紀のあるべき倫理を探究する。

ちくま新書

469 公共哲学とは何か 山脇直司

滅私奉公の世に逆戻りすることなく私たちの社会に公共性を取り戻すことは可能か？　個人を活かしながら公共性を開花させる道筋を根源から問う知の実践への招待。

473 ナショナリズム
——名著でたどる日本思想入門 浅羽通明

小泉首相の靖国参拝や自衛隊のイラク派遣、北朝鮮による拉致問題などが浮上している。十冊の名著を通して、日本ナショナリズムの系譜と今後の可能性を考える。

474 アナーキズム
——名著でたどる日本思想入門 浅羽通明

大杉栄、竹中労から松本零士、笠井潔まで十冊の名著をたどりながら、日本のアナーキズムの潮流を俯瞰する。常に若者を魅了したこの思想の現在的意味を考える。

532 靖国問題 高橋哲哉

戦後六十年を経て、なお問題でありつづける「靖国」を、具体的な歴史の場から見直し、それが「国家」の装置としていかなる役割を担ってきたのかを明らかにする。

569 無思想の発見 養老孟司

日本人はなぜ無思想なのか。それはつまり、「ゼロ」のようなものではないか。「無思想の思想」を手がかりに、日本が抱える諸問題を論じ、閉塞した現代に風穴を開ける。

578 「かわいい」論 四方田犬彦

キティちゃん、ポケモン、セーラームーン——。日本製のキャラクター商品はなぜ世界中で愛されるのか？「かわいい」の構造を美学的に分析する初めての試み。

623 1968年 絓《すが》秀実

フェミニズム、核家族化、自分さがし、地方の喪失などに刻印された現代社会は「1968年」によって生まれた。戦後日本の分岐点となった激しい一年の正体に迫る。

ちくま新書

493 世界が変わる現代物理学 竹内薫

現代物理学の核心に触れるとき、日常の「世界の見え方」が一変する。相対性理論・量子力学から最先端の究極理論まで、驚異の世界像を数式をまじえず平明に説く。

620 頭がよみがえる算数練習帳 竹内薫

つるかめ算、ニュートン算、論理パズルから図形問題まで。算数にはコチコチの頭をしなやかに変えるヒントがいっぱい。発想の壁を突き破るためのトレーニング本！

175 日本の医療を問いなおす ——医師からの提言 鈴木厚

日本の医療制度は大きな変革の渦中にある。だが、患者と医者が望む方向に改革は進んでいるのか。医療費やクスリの問題など、医者の立場から医療行政を徹底批判！

297 介護保険を問いなおす 伊藤周平

日本の社会保険制度に対して、聞こえるのは不満の声ばかり。加速する高齢化社会と国民負担の調和点はどこにあるのか。システムを解説し、制度改革の道を探る。

572 医学は科学ではない 米山公啓

臨床現場では全てを〈科学〉で解決できるわけではない。科学的データか患者の声か、その間でジレンマに陥る医療はどこに進むべきなのか？ 臨床医学の虚構を暴く一冊。

609 自閉症 ——これまでの見解に異議あり！ 村瀬学

いつもと違う「順序」や「配列」を強要される時、人は誰でも少しパニックになる。自閉症にも、このメカニズムが働いている。彼らと我々は同じ地平にいることを解説する。

632 脳卒中バイブル ——危険信号を見逃すな 安井信之

こんな症状が現れたらすぐに病院へ！ 脳卒中の前ぶれから生活習慣リスク、検査・治療の最前線、後遺症を抑えるにはどうするか。専門医がすべての疑問に答える。

ちくま新書

637
輸入学問の功罪
――この翻訳わかりますか？
鈴木直
頭を抱えてしまうような日本語によって訳された思想・哲学の翻訳書の数々。それらが生み出された歴史的背景にメスを入れ、これからの学問と翻訳の可能性を問う。

707
思考の補助線
茂木健一郎
自然科学の知見と私たちの切実な人生観・価値観との間に補助線を引くと、世界の見え方はどう変わるだろうか。この世の不思議をより深く問い続けるためのヒント。

720
いま、働くということ
大庭健
仕事をするのはお金のため？　それとも自己実現？　不安定就労が増す一方で、過重労働にあえぐ正社員たち。現実を踏まえながら、いま、「働く」ことの意味を問う。

764
日本人はなぜ「さようなら」と別れるのか
竹内整一
一般に、世界の別れ言葉は「神の身許によくあれかし」、「また会いましょう」、「お元気で」の三つだが、日本人にだけ「さようなら」がある。その精神史を探究する。

766
現代語訳　学問のすすめ
福澤諭吉
齋藤孝訳
諭吉がすすめる「学問」とは？　世のために動くことで自分自身も充実する生き方を示し、激動の明治時代を導いた大ベストセラーから、今すべきことが見えてくる。

769
独学の精神
前田英樹
無教養な人間の山を生んだ教育制度。世にはびこる賢しらな教育論。そこに決定的に欠けた視座とは？　身ひとつで学び生きるという人間本来のあり方から説く学問論。

805
12歳からの現代思想
岡本裕一朗
この社会や人間の未来を考えるとき、「現代思想」はさまざまな手がかりを与えてくれる。子どもも大人も知っておきたい8つのテーマを明快かつ縦横に解説する。

ちくま新書

008 ニーチェ入門　竹田青嗣
新たな価値をつかみなおすために、今こそ読まれるべき思想家ニーチェ。現代の我々をも震撼させる哲人の核心に大胆果敢に迫り、明快に説く刺激的な入門書。

020 ウィトゲンシュタイン入門　永井均
天才哲学者が生涯を賭けて問いつづけた「語りえないもの」とは何か。写像・文法・言語ゲームと展開する特異な思想に迫り、哲学することの妙技と魅力を伝える。

029 カント入門　石川文康
哲学史上不朽の遺産『純粋理性批判』を中心に、その哲学の核心を平明に読み解くとともに、哲学者の内面のドラマに迫り、現代に甦る生き生きとしたカント像を描く。

071 フーコー入門　中山元
絶対的な〈真理〉という〈権力〉の鎖を解きはなち、〈別の仕方〉で考えることの可能性を提起した哲学者、フーコー。一貫した思考の歩みを明快に描きだす新鮮な入門書。

190 プラトン入門　竹田青嗣
プラトンは、ポストモダンが非難するような絶対的真理を掲げた人ではない。むしろ人々の共通了解の可能性を求めた〈普遍性〉の哲学者だった！　目から鱗の一冊。

200 レヴィナス入門　熊野純彦
フッサールとハイデガーに学びながらも、ユダヤの伝統を継承し独自の哲学を展開したレヴィナス。収容所体験から紡ぎだされた強靭で繊細な思考をたどる初の入門書。

277 ハイデガー入門　細川亮一
二〇世紀最大の哲学書『存在と時間』の成立をめぐる謎とは？　難解といわれるハイデガーの思考の核心を読み解き、西洋哲学が問いつづけた「存在への問い」に迫る。